超
看護のすすめ

ナイチンゲールの復権とケアの哲学

井村俊義
IMURA Toshiyoshi

まえがき

いまから一年前の二〇一八年一〇月二四日に、母が他界しました。八一歳でした。亡くなるまでの六年間ほどは、グループホームに二カ所、その後、認知症を専門とする病院に入院し、結果的にそこで息を引きとりました。この期間は、徐々に認知症が進行していく期間とも重なっていました。

「胃瘻（いろう）（胃に直接栄養を入れるために腹壁と胃に開けられた孔）のような延命措置はしないでほしい」と医師には告げてありましたので、経口摂取（口からの栄養補給）ができなくなると水分だけの点滴に移りました。

「ものを口から食べられるというのは人間にとっては大きな快楽で、これができなくなるのは〈生〉から一歩遠ざかることになる」という話を、ある看護師さんの体験談として聞いていましたので、すこし悲しくなったことを覚えています。

やがて、頻回（ひんかい）に点滴が漏れるようになる頃には（あちこちに刺された腕や手の甲は内出血がありました）徐々に痩せ衰え、見るからに弱っていき、最期は眠るように旅立ちました。

「ボケる」というのは、旅立つ方も旅立たれる方も、心と体の準備をするには良い期間なのかもしれません。これが、突然の死だったら、私はもうすこし取り乱していたことでしょう。

本人は、認知症によって死への恐怖もだんだんと和らぎ、看取る側も覚悟を決めていく。生と死の向かう方向に逆はありませんから、その困難な道をどのように歩んでいくかは、誰にとっても大きな問題です。

これまで数え切れないほどの人間がその道を歩いてきたというのに、私たちはいつでも、まるではじめてその道に立たされているかのごとく、右往左往しています。

人類が長いあいだに蓄積してきた「知恵」をないがしろにして、新しい「何かよいもの」を求め続けて生きている、というわけです。

日本は、たとえばイギリスなどと比べると「胃瘻」から栄養補給をして命を長らえる人が多く、肌の色艶はよくて健康そうでも、意識はないままに命を長らえている人がいます。国によってはそのような手段（胃瘻、腸瘻など）を極力とらないようにしているところもあります。

はたして、人工的に延命をするのは不自然なことなのか、あるいは、人類の叡智なのか。人の死の間際にはさまざまな思いが交錯し、宗教的なことや政治的なことも絡み「安楽死」を選ぶ人たちのことなども自然と頭に浮かんできます。

私自身は、母に対して胃瘻などの延命の方法を選択しませんでしたが、特段、そのような措置を批判しようとは思いません。なぜなら、意識がなくても身体は温かく、そうやって「生きている」という事実だけで、家族によっては「生きる希望」に変えられる人もいるからです。

それにしても「男」というものは、思春期以降は母親に触れる機会など滅多になく、もしかすると「こういうとき」まで母親の身体に触る機会などないかもしれない、そんなことを思いながら、病室で母の手や足をさすっていました、ときには顔も。そういう時間をとれるのも良いものだ、と心のどこかで感じていました。

母は妹に見守られながら息を引きとり（私は「死の瞬間」には立ち会えず、三〇分後くらいに駆けつけることができました）、あっという間に顔から血の気が引き、手足が氷のように冷たくなっていました。「ああ、もうここにはいない別世界の人間になったのだなあ」とそのとき実感しました。

人によって死に方は一様ではないし、看取る方も一様ではありませんが、変わらないのは、さっきまで動いていた身体が動かなくなり、温かかった身体が冷たくなることです。

頭でっかちの私は「死」を観念で弄ぶことには長けていました。しかし、結局「死」は物理的な変化であり、そして「記憶」なのだということに思い当たりました。

母の死と直面しながら、お互いの人生を振り返れば、私は今までの人生を通して父を含むさまざまな人たちから「もっと普通に生きなさい」「その生き方は間違っている」などと言われ続けてきましたが、そのような私の好き勝手な生き方を、母はいちども否定することはなかったことに気づきました。

それどころか、いつでも応援し、守ってくれました。そんな母との「無数の出来事によって彩られた記憶」がそこにはあったような気がします。母の存在がなければ私はいまこうして文章を綴り続けることもなく、誰かの欲望を自らの欲望と勘違いしながら、それはそれで幸せな人生を送っていたことでしょう。

ディズニー映画の『リメンバー・ミー』（二〇一八年）は、メキシコの「死者の日」をテーマに展開する物語で、中心におかれたメッセージは、人は「二つの死」を迎えるというところにあります。一つ目は肉体の死。二つ目は、その人が誰からも〈記憶〉されなくなることによって迎える死。

これによって、その人はもう生きていたときのすべての存在がこの世界から消去されます、永遠に。そのような人物がこの世に存在していたのかさえも、もう誰にもわかりません。人は誰かに覚えておいてもらうことによって、かろうじて「記憶」のなかでいつまでも生き続けることができるのです。

一年経ったいまでも仏壇の横に大きな写真を飾り、毎朝、線香をあげ、手を合わすたびに思い起こし、私の記憶のなかで父と母はたしかに「生きています」。

学問は、それを行っている者の生活や人生と切り離して考えることはできませんし、また、そうあってはならないと思います。吸収した情報や知識を「操作」することによって、形式だけの一丁上がりの論文や文章に意味があるとは私には思えないでいます。自分から出た言葉はすべからく「私」が抱えた「疑問や矛盾」に自ら答えようとするものでなければならないとも思います。

母との特別な時間を過ごした日々は徐々に時間が成熟する期間でもありましたが、同時に仕事場で「看護」の世界にすこしずつ入り込む時期とも重なっていました。「生身の人間」にやがてかならず訪れる複雑で不思議で難しい問題について考えるには最適な職場だったと振り返っています。

こうしてひとまずたどり着いた地点で周りを見渡しながら、いくつかの文章を残してみようと思いました。看護の世界に慣れ親しんでいない者には看護はこう見えるのかと捉えていただいてもいいですが、私にとってはどれも欠かせない大事なポイントであることは間違いありません。奥深くて興味が尽きないこの看護の世界に対して、心からの敬意をもって真剣に取り組んだつもりです。

そしてそれらへの関心から生じる疑問はいまでも解決されたわけではありません。いまだ道の途中です。こうしてたどり着いた場所で、誰かから「それは違う」と言われても、私がたしかに感じてきたことだけは変わりません。それら私固有の問題意識を、思いがけなく誰かと共有できる点があるとしたならば、筆者としてそれ以上に嬉しいことはありません。

本書は三部に分かれています。一部は私が「超看護」と名づけた内実の基本的なスタンスをいくつかの論点をもとにして説明しました。二部は「超看護」の根底にある感性のあり方を「文学」などをもとにして説明を試みました。三部は「超看護」と同じ方向性をもつ里山看護について、信州伊那谷の土地を媒介にさまざまな話題を通して問題提起を行いました。

目次

I 「超看護」の論点

II
「超看護」の感性

III
「超看護」の広がり

I

「超看護」の論点

第1章

「看護の詩学」とナイチンゲール

看護を含めた医療全般を見渡すと、合理化を目的とする「近代」化を通して徐々に分業化され、それによって一つ一つの役割は効率化していきました。それぞれの仕事の負担を少なくすることでより専門化し、あちこちで多くのスペシャリストを生んだのです。

そのような過程を通して、技術的な面での専門家の技術は大いに発揮されましたが、一方で、人間を「総体」としてみる視点の必要性があらためて見直されるようになりました。

その「視点」のなかには、人間の身体をどのように見るのかという形而上的な側面と、看護という職業の性質上、その成果をどのように「回復過程」に反映させるかという現実的な問題も含まれています。

つまり「人が治るとはいったいどういうことなのか?」という問いから生まれる「総合的な知」へとつながる研究が積極的になされている理由はそこにあります。全体を見渡す「ジェネラリスト」からの視点が相対的に低下するなかで「ホリスティック」という言葉が使われるようになったのもその一つの現れです。

また、近代化および分業化による総合的な知の喪失とともに「理論と実践(座学と演習、マニュアルと応用)」のあいだの隔たりも問題視されるようになりました。

イギリスの看護師で教育学者でもあるゲーリー・ロルフの論文をまとめた『看護実践のアポリア』でロルフは「看護理論が、実践する看護師の関心にいかに言及しなくなったか」(ゲーリー・ロルフ『看護実践のアポリア――D・ショーン《省察的実践論》の挑戦』塚本明子訳、ゆみる出版、二〇一七年)という根本的な問題を提起しています。

かつて新しい学問としての看護学を確立させる一つの道筋として、おもにアメリカにおいて、さまざまな看護理論が発表されました。いわゆる「大理論」と呼ばれるものです。

それに関して、アメリカの哲学者で『看護の知識』という著作もあるマーク・リスジョードは「看護学者がどの哲学を取り入れるかを決めたために、看護は理論と実践のあいだの関連性に断絶を生じた」（Risjord, Mark. *Nursing Knowledge: Science, Practice, and Philosophy*. West Sussex: Wiley-Blackwell, 2009）としたうえで、フッサール、ハイデガー、サルトル、メルロ＝ポンティなどが看護理論にどのように導入されたかについて詳細に論じ、あらためて哲学者の果たすべき役割について述べていました。

看護研究で用いられる理論と臨床における知はどのように接続するのかという問いに関して、属性として硬直化しがちな「理論」と絶えず揺れ動く「臨床」の現場を結びつける方法は存在するのでしょうか。また、その答えはあるのでしょうか。

看護理論家のパトリシア・ベナーは『看護でもっとも大切なこと』（邦訳は『現象学的人間論と看護』）の最後で「知の発展の最前線」という言葉を使っているのですが、私の関心に引きつけて解きほぐすならば、さまざまに分かれてしまった学問を統合しようとする看護学、また、理論と実践を統合する学問としての看護学という二つの側面を彼女は考えているようです。

そのような問題意識を念頭におきながら、まずは、ナイチンゲールが書き残した「看護の詩」という言葉をきっかけに、また「身体論」や「芸術論」を足がかりにして、看護学のもつ可能性の一端を探っていきたいと思います。

フローレンス・ナイチンゲールが生きた一九世紀の英国は、産業革命を終え、急速に近代化へと舵を切っていました。「進化」や「進歩」という概念が称揚され、あらゆる分野で大きな変革が迫られた時代です。『看護覚え書』が出された一八五九年がダーウィンの『種の起源』が出版された年でもあることは象徴的です。

現代でも看護教育に大きな影響力を及ぼしているこの『看護覚え書』は、以上のような時代背景を念頭におきながら読まれる必要があります。つまり、このテキストは「前近代と近代のはざま」に書かれ、さらには、クリミア戦争の経験を通して着想され記述されたということです。

有効な麻酔薬が出始めた頃であり、一方で疫病が蔓延し、そして、イギリスは世界中に植民地を保有し、戦争が恒常化していた時代でもあります。

もう一つ、注意するべき点は『看護覚え書』が世に出された一年後に「補章」が付け足されたことです。そこでは、本文における具体的な看護方法を省みたうえでの、ナイチンゲールの本来の意図を総括するような看護観がまとめられています。

補章の冒頭に掲げられた「看護師とは何か」の一行目に「看護の詩（the poetry of nursing)」という言葉があります。ナイチンゲールはそこで、最初に出版した版では「看護の詩」が描かれていないと捉えられるかもしれない、と書いています。この「詩」を私なりに解釈したうえで、当該の部分を訳してみます。

この書は、看護のもつあらゆる詩的で優雅な面を取り払い、看護を人間の行いのなかでもっとも散文的で単調なものにしてしまったと言われるかもしれません。私の仲間である女性のみなさん、おそらく教育は除いて、この世で看護ほど単調で退屈とは正反対のものはありません。すなわち、看護は、これまで感じたことがない他人の感情の中に自らを投げ入れる能力がどの仕事よりも求められ、もしこのような能力をまったくもたないのならば、その人は看護に携わるべきではないのです。

前年に出版された「箇条書き」のような形式の記述に接した読者が、看護には「詩」がないからつまらないと思うのではないか、とナイチンゲールは危惧しているわけです。

彼女自身は「看護の詩」の詳しい内容についてわかりやすい定義を行ってはいません。むしろ、定義できるようなものではないと考えていたのかもしれません。定義づけという方法は、状況を固定化し、意味を狭めるものだからです。

ナイチンゲールはただ、患者が抱えている言葉にはならないメッセージを受けとめるためのさまざまな具体例を並べます。それらの具体例では、患者は高価な家具、病気の牛、壊れやすい陶磁器などと比較され、人はかならず変化するものであり、膨大な情報が隠されていることが示唆されます。

ナイチンゲール看護学のキーワードの一つに「観察（observation）」があり、何度も言及されますが、それは「じっと見ることではない」と具体例のなかで説明されています。

「観察」は、視覚のみによって行われるのではなく、総合的な感受性を通して行われることによって「絶えず変化する情報」を受けとめるのです。

このような、看護師と患者のあいだで交わされる、数値や合理的な説明とは異なるもう一つの方法論による看護の見方を「看護の詩」という言葉に込めたと仮定し、私はナイチンゲールに倣って「看護の詩学」(nursing poetics)という言葉を使いたいと思います。

一般的に「詩」が、日常的に使用される言葉の「配列」や「選択」などの修辞を駆使して、散文では表現できないものを表そうとするのと同じように、看護もまた「アート」として、言葉では表現できないものを体現する場であることをこの言葉は意図しています。

そこでは、定義ではなく具体例や物語が重視されます。それらが伝える内容には、近代化によって「余剰として捨てられた部分」のなかで、現代においても有効な価値とその価値を表象する手段を含んでいます。

「看護の詩学」においては、「詩」が散文では語りきれない内容を表現するために修辞等を駆使してさまざまな状況や感情を表現しようとするように、理論よりもモノ、抽象よりも具体、マニュアルよりも物語、明晰さよりも手触りを重視します。

体系化してものごとを理解するよりもまず、対象そのものに「巻き込まれる(involved)」(ベナー)ことに重きをおき、したがって、抽象的な理論を通して対象を理解するのではなく、状況を文学的な言葉、あるいは物語にすることによって、個々の患者の「単独性」を理解するのです。

古来、伝達の手段として用いられてきた「物語」は、人びとを関係性や共同体へとつなぎ止める力をも有していました。

物語は、何かを捨象することによって成り立つ近代的および合理的な明晰さではなく、言葉以前の情報を含む身体の感受性への信頼を維持するのです。

したがって、多様な患者を「透明な個」に置き換えるようなことはしません。彼らの快や不快を最大公約数によって導き出す功利主義的発想とはもっとも遠い場所から患者に近づくことを目的とするのが「看護の詩学」です。

看護師は、誰でもない一度きりの人生を生きている患者が発する「その場、その時」しか存在し得ない「意味」を、物語などを通して受けとめるのです。そもそも『看護覚え書』の冒頭には、次のように書かれていました。

これから述べる覚え書は、看護師に看護を学ばせるための考え方のルールを示そうとはしていません。ましてや、看護師に看護の仕方を教えるマニュアルでもありません。

このあとに、この覚え書は考えるための「ヒント」であるとも述べています。この書を教科書のように使用しないようナイチンゲールは戒めているのです。

一般の人びとに向けてわかりやすくまとめたこの書は、何もなかったところから「看護」という実体を立ち上げるための骨格に過ぎないのであって、彼女の真意はこれをもとに人びとが新しいそれぞれの「物語」を作りだすところにありました。

その際に気をつけるべき点は、彼女が「看護の知識は医学の知識とはまったく異なっている」と述べていることです。

看護師は、医師の領域にある「知識」や「技術」や「論文のスタイル」や「研究方法」をかならずしも真似る必要はない、というよりも、それよりも広くて深い視点から患者を診ることをナイチンゲールは考えていることがわかります。

「知の発展の最前線」という言葉から、「人間とは何か」をテーマに取り組んできたさまざまな学問の成果は「看護」を中心に実感をもって受けとめられるのではないか、という提起をベナーの論に沿って述べさせていただきました。

「人間とは何か」を長い期間をかけて探求してきた、おもに哲学や文学、文化人類学や芸術などの人文系の学問は、看護学においてある総合的な地平に到達することができるとベナーは捉えたと考えられます。

机上の論理だけではなく、人が生まれてから死ぬまでの過程を扱い、さらには、生身の患者と言葉を交わし、接触による交流を介して、看護師は、感覚的な領域をも含みながら実践を行い、思考を巡らします。

ベナーは『ケアでもっとも大切なこと』の最後に結論のように「看護教育はこれまであまりにも合理的・技術的なモデルに囚われすぎてきた」(Benner Patricia and Wrubel Judith. *The Primacy of Caring: Stress and Coping in Health and Illness*. Menlo Park: Addison Wesley, 1989)

と書いています。

また、臨床の現場で実際に生じる予測不可能な多様性と、合理的・技術的なモデルに囚われた看護教育や看護研究などのあいだには大きな径庭（けいてい）がある、とも彼女は述べています。

その溝が埋まらないもっとも大きな理由は、近代的な合理性や普遍的な技術への過度な期待にあります。

つまり、身体を物理的に捉えることで最大の効果を上げようとしてきた医師の目的地と、看護師が目指すべき終着点は同じではないことへの認識の欠如を、ベナーは問題視しているのです。

身体を動かないものとしてひとまず静態的に見ることから得られる利益と、実践という一秒ごとに移り変わってゆく動きそのものを包括する理論の違いです。

> 実践は観念的で理論的な命題の不完全な名残のようなものとして見られてはならない。そうではなくて、実践はそれ自体で首尾一貫したものとして理解され、いかなる形式的な理論命題によっても捉えられないほどに複雑なものである。現場の看護

師は「知の発展の最前線」にいるのであり、看護教育は看護師が実践との対話へと関わるように準備していく必要がある。

（同書）

複雑な人間を単純化し、そこからこぼれ落ちた要素には目を向けず、整合性に執着し、それを強化する手続き的厳密性に固執するような態度は、思考の方向性が逆だということです。

複雑な人間をそのまま理解しようと努め、私たちが理解できないような要素はそのまま保持し、整合性などというものはある単純化された定義の応用でしかないと遠ざけ、手続き的厳密性などこちら側の都合に過ぎないと考えることです。

理論や数値や技術やモデルを現場に当てはめるのではなく、現実の世界それ自体に独自の秩序があることを想定する必要があります。そういうものが存在すると認識することがまず重要です。

そのような思考のアプローチこそ「知の発展の最前線」の場所なのであり、それなくしては、看護があらゆる学問を牽引する可能性を秘めている、とは言えなくなります。

教育分野においてしばしば行われる「定義」や「理論」からの導入は、人間を「理解」可能なものへと細分化してしまうきらいがあります。

それでは、人が生まれ、成長し、死んでいく総体的な人生のなかでの精妙な「気づかい（caring）」は失われてしまうでしょう。

歴史を振り返るならば、戦時下において、看護師養成の低年齢化と速成養成は喫緊の課題となり、そこで働く看護師にとって、指示や命令で効率的に動くことはもっとも望まれることでした。

しかし、戦争という特殊な状況を越えてなお、これまでと同じように続いてきた主流の看護観について、看護師の中西睦子は次のように述べています。

> 医学的人間観といえるほどはっきりした輪郭をもつものではなく、むしろ、命令や指示への忠実な対応をもって是とする、したがって速やかな刺激—反応型の活動こそ看護の真髄だと（無意識に）とらえている。
>
> （中西睦子『臨床教育論——体験からことばへ』ゆみる出版、一九八三年）

従来、臨床の現場において、効率性を求める組織のなかの有能な一員であることが看護師には求められる場合が多く「看護とは何か」のような根源的な問いはさして必要とされませんでした。

そのような要請にしたがって、医師による命令系統を効率的に進めるために看護教育はプログラムされてきたという一面があります。

ナイチンゲール自身もクリミア半島でのスクタリの経験をもとに「看護」を体系化したために、『看護覚え書』も同様のイメージのなかできわめてシンプルにあたかもマニュアルのように書かれました。戦場においては、どの患者にも当てはまる客観的な「モデル」を想定したうえでの迅速な対応は不可欠だからです。

看護師のイメージは、このようにして緊急性の高い従軍看護師の属性をいまももち続けている傾向があると私には思われます。

しかし、前近代と近代、戦時と平時のあいだで揺れるナイチンゲールの思考もまた、多くの著作で認めることができ『看護覚え書』と同時期に書かれた思索的結晶の一つである『思索のための提言』（邦訳『真理の探究』）はナイチンゲールの宗教的かつ前近代的な側面が吐露されています。

「いかにしてスピリチュアリズムを蘇らせ、ふたたび火をつけて生命のなかに取り込むかが、重要な問題である」(Nightingale, Florence. Edited by Michael D. Calabria and Janet A. Macrae. *Suggestions for Thought by Florence Nightingale: Selections and Commentaries*, Philadelphia: University of Pennsylvania Press, 1994.) とそこには書かれており、そのような視点から『看護覚え書』はもう一度、読まれる必要があると感じます。

平時における看護においては、緊急性の度合いは低くなります。それに代わって、日常性の奥に潜む人間に対する深遠な存在様態への関心(気づき)が求められます。

ベナーは「看護師は、病状による経験と、患者がそのような経験にもち込む意味を両方理解できるという特異な立場にいる」と述べ、個々の患者の病状や背景が異なるように、一人一人が病気に対して投影する「意味」も多様であることを指摘しています。

医療が近代医学へと移行する過程のなかでこぼれ落ちたものを救い出そうとするときに、画一的な「モデル」とは異なる「患者が病気という体験にもち込む複雑な意味」は否応なくつきまといます。

近代的な視座に便利な「モデル」から離れて「意味を感受する精神」を養おうと

するナイチンゲール看護の原点に立ち返ることが求められているのではないでしょうか。

☆

ナイチンゲールやベナー、中西らと同じように、精神看護学を専門とする阿保順子もまた「看護の詩学」を意識化し「身体」という側面から探求し続けている研究者の一人です。

身体が発する「言葉以前の情報」を受けとることの意義に着目し、膨大な情報を内蔵する身体の精妙な仕組みを解明しようとしてきました。

語り得ぬものは語れないとしても、その存在を意識して表現することの意義を看護学の側面から強調したのです。

回収できぬものを回収しているように見せかけながら、あるパターンのなかに落とし込むことの弊害について、阿保もまた従来の看護教育の欠点として次のように述べています。

誰が誰に対して行っても同じように繰り返される行為として抽象化して語れるものではない。看護実践とは、技術を、その人の身体をとおして患者の身体にはたらきかける技として適用することである。

（阿保順子『身体へのまなざし——ほんとうの看護学のために』すぴか書房、二〇一五年）

共有するためにわかりやすく薄められ、それだからこそ強力な「身体像」を基盤にした看護実践は、単なる「反復行為」へと変容し、中西が述べた「命令系統」を重視した時代の看護師像をかたくなに守り続けることになります。

「教科書の方法では理解できない」あるいは「理解するためには他の方法がある」とあらかじめ想定することが重要なのであって、すべてのことを「知りうる」とする近代的思考の態度自体に問題が隠されています。

中西による「問題が主体〔看護師のこと〕に認知されるということは、その主体が解決に対してすでに動機づけられた状態になっていることを意味する」という指摘はとりわけ重要です。

効率的に動くためにはすでに限られたわかりやすい答えを用意しておかなければなりませんが、実際には、その場その場の判断が求められます。

その場での判断を効率的に下すための身体を涵養（かんよう）するには、言葉になる以前の状態で潜む感情を重視する「看護の詩学」という発想は避けては通れません。

たとえば、阿保が掲げる「オノマトペ的身体」という表現は、言葉に昇華される手前の感覚を述べようとする試みの一つです。これは、科学的な証明によって明らかにできなくても、感覚として了解できるレベルの身体知であり、「擬態語（オノマトペ）」でしか表せない身体の感情表現から情報を得ようとする特別な感性を指しています。それはもはや医学や生理学の分野では分析され得ないものです。

> 生理学や医学の否定ではない。たとえその現象が生理学的に解明できたとしても、果たしてそれが目の前の患者にかかわる看護の根拠になるのだろうか、と言いたいのである。生理学的な根拠だけを看護の根拠にしていいのだろうか。
>
> （同書）

医学とは異なる身体へのアプローチを探ることによって、看護の独自性、引いては、機械にとってかわることのない広大な領域の探求へとつながります。

岡田実もまた精神看護を専門とし「看護の詩学」に独自の方法で切り込む研究者の一人です。ナイチンゲールがスクタリから帰還した直後の「看護以前」に焦点を当てることによって「近代看護の祖」という固定した評価に異を唱えます。

そのアプローチの一つは「文学」への着目です。オスマン・トルコ側についたイギリスから見ると敵国にあたるロシア側から、レフ・トルストイはクリミア戦争を描きました。この「セヴストーポリ」という作品に岡田は注目します。

小説は一般に、作者という特定の視点から語られながらも、意匠を凝らすことによって時代と土地を映す鏡となり、人びとに感情移入をさせます。

現実には、受けとる人は出来事の一部を取り出すことしかできず、しかも、発信者の偏りを経由し、表現方法においてもバイアスがかかりますから、ある出来事を誰もが納得できるような客観的な形で受信することは不可能です。

このようなメカニズムは、人物（患者）を表現する際にも当てはまることは容易に想像できます。つまり、戦争などの出来事、あるいは人物は「客観的な数値や説明」という鏡では何も映すことはできないということです。

教科書的な客観表現でも特定の個人の日記でも到達できない領域に小説家は分け入ってゆきます。小説家の感性によって生み出された表現とそれを共有する読者がそのたびごとに出来事を書き換えるのです。

そのような感性を携えた岡田は、ナイチンゲールを通して見た看護のもつ深遠なレゾン・デートル（存在価値）を、当時最新の機器であったカメラという「複製技術」を媒介にして論じていきます。

ナイチンゲールの内面を抽象的な理論ではなく、芸術的な感性によって探ろうとする点において、彼が採用した手法はきわめて革新的なアプローチであると私には思われます。

岡田がそれを選択した理由は、看護が擁している硬直した視線をそのままナイチンゲールに投影することを極力避け、ナイチンゲールが生きた「同時代性」に身を浸しながら、彼女の入り組んだ真意とそこから導き出される看護の本質を見出すことにあります。

当時、クリミア戦争からいくつかの土地を経由して、さらに偽名を使ってまでしてイギリスへと戻ったあとに、寝室を書斎として遁世したとされるナイチンゲールの「内面」から「看護とは何か」を探ろうとするのです。

これまで、彼女の陥った病気や錯綜した心境を解き明かそうとする試みは、さまざまな論者によって何度もなされてきました。しかし、それらとは一線を画したアプローチを岡田は採用し、帰還後に撮られたひときわ特徴的なナイチンゲールの肖像写真に着目します。

奇しくもナイチンゲールの生年と没年が同じフランスの写真家ナダールによって「肖像写真」は世間に広められました。この新しい「アート」は、一人一人の個別性を際だたせる役割を果たし、人びとがいままで気づかなかった感性の領域を開拓しました。写真（美術）評論家の多木浩二は、次のように書きます。

> 人間がその「顔」によって、当の人物が意識しているとはかぎらない彼らの存在の意味、内面とばかりはかぎらないさまざまな意味を外面化し、あるいは見られる顔に自らを同化しているのに気づいたのである。絵画や彫刻における肖像の歴史は古いが、「顔」の表情が意識化されるのはさほど古いことではない。
>
> （多木浩二『肖像写真——時代のまなざし』岩波書店、二〇〇七年）

同じことをすこし簡略化して多木は次のようにも述べています。「どの顔も何かを物語っている。写真家にできることは、内面を推測することでなく、その顔の物語を見ることである。その顔の物語るものは、かならずしもその人の内面ではない」。非科学的な呪術を徐々に駆逐してきた科学は、写真という技術を通して新しい呪術をそこに発見しました。

このような当時最先端の機器であるカメラを通した近代的風景のなかに前近代の呪術を見るような感性をもって、岡田はたった一枚のナイチンゲールの肖像写真からストーリーを紡ぎ出します。

先の、髪を短く剪ったナイチンゲールの異様な写真に籠められた想いは、彼女の脳裏に焼き付いたこれらの惨状だけでは説明がつかない。抽象的に「人間の生命」「人間の尊厳」と形容したのでは、ナイチンゲールが看取った具体的な生命個々の、彼女にとっての意味が失われはしまいか。人は一般的な生命と出会い、そして別れるのではない。それらが常に具体的、個別的であるからこそ口惜しく、辛く、愛しいのだろう。彼女の出会った生命や死とて同様である。彼女にとってこの戦争が凄惨であったのは、戦争の光景だけにあったのではない。彼女が人格的に関わり続けた一兵卒らの生命、即ち生き様個々の具体性が、戦争の中で無視あるいは軽視され、自身の部署の只中で次々に失われていったことにある。

（岡田実「ナイチンゲールの『無名性』の思想」『綜合看護』二一（一）、一九八六年）

図らずも、岡田の試みた大胆な手法は、フランクフルト学派のヴァルター・ベンヤミンが『写真小史』で説いた方法によく似ています。

前近代と近代のはざまを生きたナイチンゲールの一枚の写真は、もはや呪術的な謎めいたところはすこしもありませんが、近代的な機器を通して、解読されようと待ち構えていた細部が浮き彫りにされます。

それはまるで魔術のように時空間を越える通路

ナイチンゲールの肖像写真

や物語となります。ベンヤミンは次のように書いています。

写真を眺める者はそこに、現実がこの写真の映像としての性格にいわば焦げ穴を空けるのに利用したほんのひとかけらの偶然を、〈いま―ここ〉的なものを、どうしても探さずにはいられない。画面の目立たない箇所には、やがて来ることになるものが、とうに過ぎ去ってしまったあの撮影のときの一分間のありようのなかに、今日でもなお、まことに雄弁に宿っている。

（ヴァルター・ベンヤミン『写真小史』久保哲司訳、筑摩書房、一九九八年）

近代科学は私たちの前から伝統によって培われた叡智を覆い隠しました。あらゆるモノが「モノ語る」という事実を忘却させ、ものごとを単純化させ、人間を含めたすべてを抽象的な言葉や数値に置き換え、理解可能なものにしてしまいました。しかし、ベンヤミンによれば、カメラは私たちに新たな物語を与えました。人は誰もが一回性を生きているというあたりまえの事実を一瞬の閃きのなかに暴き出す岡田の真意は、最後、次のような言葉に収斂されます。

言語化されたものだけが、個人の思想を決めるのではない。また、言語化されなければ思想ではないということも勿論ない。言語下に深くかつ重く潜ませた「思想的な態度」こそ、思想性において高い信頼を、そして、思想の本質においてはその深さを保障し得ることがある。無言の一枚の写真が、この「思想的な態度」を象徴的に表現したものであったとはいえないだろうか。

（岡田、前掲書）

言葉に置き換えられる前の「閃き」を感じ取るための思想的態度であり、患者をそのようなまなざしで見ることのできる思想的態度の重要性を岡田は述べています。

芸術を扱う学問の多くは、言語による普遍的・客観的なアプローチをかならずしも信じてはおらず、量的に測定不可能な感覚の領域を重視します。普遍的な解決方法は人間や自然や社会の「何か」をかならず取り逃がしてしまうからです。

それらに置き換えられない複雑な「現実」の一部をなんとかして表現するために、人文系の学問が対象とする絵画や写真のような種々の芸術形態は生み出されたとさえ言えるでしょう。

日常の言葉にはならないものを詩のような修辞的な方法を使ってなんとか表現しようとし、あるいは、絵画や音楽や彫刻などの言語以外の媒体へと表現方法を求めて「人間とは何か」を探求したのです。

看護師が目指すべき専門家としてのアイデンティティもまた、そのようなものであると岡田は考えていることが推察できます。

これら人文系の学問の手法は「知の発展の最前線」にある看護および看護師の力を借りることによってさらなる高みを目指すことができるに違いありません。

『看護覚え書』の「はしがき」に続く文章は「一般原則」(general principle)の説明から始まります。そこで「病気は、賠償過程(reparative process)である」というナイチンゲール看護学の根本の思想が明らかにされます。

一般には「回復過程」と訳されるこの言葉ですが、語義的にはまず「賠償の」という意味が最初に来ます。また、そう訳した方が論旨にふさわしいでしょう。

不摂生などによって損なった健康は自然への借りなのであり、それを返済する過程が病気のあらゆるフェイズなのです。秩序を乱した状態である病気は大いなる秩序である自然に負債を返していく、というイメージでナイチンゲールは考えています。

彼女にとって、自然とともに神という調和があり、それを乱した結果として病気は現れるものでした。

さらに、ここで気をつけるべきことは「nature」を「自然」と訳している私たちの理解です。

国内においてもっとも早く、大正二年（一九一三年）に「Notes on Nursing」を「看護の栞」（岩井禎三「看護の栞」『近代日本看護名著集成（一〇）』坪井良子編、大空社、二〇一四年）と題して邦訳した、日本赤十字社篤志看護婦人会講師の岩井禎三は、それを「造物主（かみさま）」と日本語に置き換えています。『思索のための提言』を読めば、この「nature」が「God」の意味に近く、したがって、岩井の訳は適切であることがわかります。

わが国において、「nature」をどのように解釈しどのように日本語に置き換えてきたかの歴史は、柳父章の『翻訳の思想――「自然」とNATURE』(筑摩書房、一九九五年)で詳述されています。この部分については、次の章でもう一度取りあげる予定です。

霊性を備えた「自然」と人間とのあいだの関係のなかで病とその治癒を語ろうとするナイチンゲールの真意を探ろうとするならば、ホリスティックなどの新しい言葉をもち出す必要はないのかもしれません。

ナイチンゲールの『看護覚え書』のそこかしこに書かれている「ヒント」から熟考し、また、それ以外の彼女の著作を紐解くことを通して「看護の詩」を解することが可能となります。

そして「看護の詩」とは、私たちの生きる現代においても参考となり、看護師の専門家としてのアイデンティティへの示唆を与えます。

『看護覚え書』の「補章」の冒頭「看護師とは何か」のなかでナイチンゲールが述べる看護師像とは、このような点からも意義深いものではないかと私は考えています。

端的に述べるならば、看護師は、看護を中心におきながらも、宗教・科学・芸術のあいだでナイチンゲールが苦闘した内実から導き出される、古くて新しい看護師像に目を向けることによって、豊穣な学びを得られるのではないか、と私には思われます。

第2章 「看護の脱構築」試論

パトリシア・ベナーが、看護は「知の発展の最前線」にある、と書いたことはすでに述べました。それが書かれている部分のすこし前には「実践はそれ自体で秩序をもつのであり、その複雑性はいかなる形式的理論命題によっても捉えられない」とあります。

それをどのように「捉えていくのか」が、難しくも興味深い問題点であり「超看護」が取り組みたいものです。

机上だけで展開される思想が頭のなかで導き出す理論や、物理学者がモノを相手に導き出す物理的な事実による理論とは異なる地平にあるアプローチを、まさに「看護」という「生の現場」で発展させることができるのではないか、という期待とともに前に進めます。

「生の現場」とは、私たちの誰もがそうなる可能性のある「患者」、すなわち、老若男女の、生まれてから死ぬまでの、そして、健康な人から死にゆく人までを目の前にして、看護師が私たちに手をさしのべながら「五感」を使って思考する場です。「五感」のすべてを使う「看護哲学」によって達成される場所ということになります。そのような哲学は現代においてはいまだ十分には探索されていないと私は考えています。

そのような五感を携えて、身体の内から構築される「DNA」由来の理論と、西洋のある時期に構築された恣意的な基準に過ぎない「科学」が導き出す理論のあいだに横たわっている、ほぼ人跡未踏の荒地に踏み出す覚悟が求められています。

その廃墟に果敢に踏み込もうとした看護師は必然的に「この人の苦しみはいったいどこからくるのか」「どうすれば彼らは生きているという実感をもてるのか」「安楽死はいかなる場合に認められるべきなのか」と、多種多様な問いに襲われるでしょう。

それらの問いをひっくるめて「よりよい看護とは何か」と抽象的な言葉に置き換えられたりすることがありますが、その内実は非常に複雑であるにもかかわらず、それほど精査されずに、私のような門外漢にはヴェールの向こう側に閉ざされているように見えます。「傾聴」や「寄り添い」などの言葉も同様です。

おそらく、多くの看護学研究者にとっても、この合間合間にわき上がる「疑問」こそが「探索すべき核心」であると、心の奥底で気づいているはずですし、それにもとづいて研究されていると思います。

「疑問や矛盾を感知するセンサー」を研ぎ澄ますことが看護学生にとってもっと重要な行いであり、教員はそれに対して的確に応えることがもっとも必要な行為ではないでしょうか。そしてそれは、さらに研究を前に進ませる重要なエネルギーでもあります。

五感を駆使することによって沸き上がる疑問とともに、表現する際の「言葉」にも意識的である必要があります。

身体に馴染まないある種の専門用語や、英語をそのままカタカナにした言葉によって構築された理論は、臨床の現場を反映する際にふさわしい言葉ではありません。そこで立ち止まって、もっともふさわしい「日本語」を探す努力が求められています。

蓄積されてきた知識や経験や思考を「他者と共有する」ために作られた「抽象化されすぎた用語」はふさわしくなく、したがって、ふたたび解きほぐし、細かく腑分けして一つ一つの言葉を私たちの手の内に戻す作業が必要です。

抽象化とは他者との「とりあえずの共有化」なのであり、それがいきすぎると、内容がともなわない形骸化した言葉の組み合わせになってしまいます。実感をともなわない言葉を使った思考は現実からすこしずつ離れていってしまう可能性があります。

そのような作業を踏まえたうえで、さらにまた「言葉から実体へ」という逆方向に向きを変え、多くの人にとっても理解可能になるような、さらには、看護師たち自身にとっても自らが抱えている「もやもや」の霧を晴らすような「五感」が横溢した方法論を探していくことです。その終わらない往還のなかで思考することです。

近代的思考が私たちに求める「わかった」気になることに果敢に疑問を呈すること

からすべては始まります。

たとえば、看護師が既存のロジックを媒介とせずに、無意識のままに語る「生のストーリー」は、まさに「思考の宝庫」です。

多くの研究者はそれらを何らかの「モデル」に落とし込んで理解しがちですが、その過程において、幾ばくかの「ためらい」がともなうべきだと思うのです。

先ほどあげた「安楽死」のような問題について、ただ「学問」として思考してきた私のような者は、ＡＬＳ（筋萎縮性側索硬化症）関連の書物を読むと、すぐにどこかの哲学者や理論家の名前を連想して当てはめようとしてしまいます。それは安易な行為でしょう。

「現実世界」は、頭のなかで組み立てられた論理よりも、ある意味「精妙な論理および倫理」を要請していることがすぐにわかります。

さらに言うならば、膨大な情報をあるパターンのなかに付置していくだけならば、すでにもう人間は「機械」に負けています。

機械の方がより正確にこなせ、そして、機械の方がより多くの情報をより瞬時に的確に取り出せる時代においては、ほとんどの看護の仕事はＡＩに取って代わられることは間違いありません。

誤解される前に付言しておけば、そのような時代の潮流は看護にとっても喜ばしいことです。テクノロジー自体は看護に敵対するどころか大いなる味方になります。テクノロジーを理解せずに排除し、うまく使いこなせないのならば、そのことをこそ憂慮すべきです。

身体と精神の微妙なる「変化」、人間存在を支えている複雑な「環境」などを視野に入れた「臨床の現場」を、さらに開拓していけば良いだけの話です。

「超看護」において、テクノロジーといかにうまく共存するかは重要な課題です。テクノロジーがこなせないことを明確にしていく過程こそが、私たちの目指す道だからです。

☆

A

LSの患者は「どのタイミングで死を意識し、どこで死への道を選択すれば良いのかを考えている」等々の内容が書かれた書物を読むと、過去の事例と照らし合わせるだけではなく、各々が体験のなかで過去に蓄積した知恵を「いまここ」において生かしていくにはどうすればいいのかを考えさせられます。

「生のストーリー」は「思考の宝庫」ではありますが、看護師のナラティヴが「そのまま」すべての解決への糸口になるわけではありません。無意識に語られる言葉を「どのような受け手」が「どのように引き受けるか」に留意するべきでしょう。

一般になされる形式的なインタビューは「そのとき限り」で「その場限り」の出会いに過ぎないという前提を頭に入れておくことは重要です。

「誰が問いかけるのか」「いつどこでどのようにして話を聞くのか」「そのときのお互いの気分はどのようなものか」「症状は昨日（午前）と比べてどうなのか」などの無数の条件を考慮すれば「あるインタビュー」はそのときだけのものであり、だからこそ貴重なのだと私は思います。

「その」インタビューを安易に「普遍化」することは逆にそのインタビューを矮小化することになります。

しかし、現実には、「その」インタビューを普遍的な「エビデンス」として捉える場合が非常に多いのも事実です。

たゆまず変化し続ける「人間」の「エビデンス」とはいったい何なのでしょうか。移り変わりゆくものを一瞬静止させることで得られるデータは言うまでもなく重要なデータとなります。それとともに、その動き自体をつかまえる、あるいは、動きを制御しているもの自体をつかまえる視点は、どのような「エビデンス」から導き出せるのでしょうか。

そのような複雑な事情を念頭におかずに行われるインタビューと、そこから導き出される既存の論理への着地は、そのかけがえのない対話を「一面的な普遍」として捉え、何か大事なものを取り逃がしているような気がします。手に入れた貴重な事実とともに、ほかにくみ取れるものはないだろうか、とさらに思いを巡らすことも必要でしょう。

医師ならば、手術や薬による「効果の最大公約数」を見つけ出し、決断し、行動に移します。しかし、看護師にとって、誰かと比較して相対的に低く扱う患者は一人もいません。

もちろん「人をみな同じように扱うこと」という倫理命題はもはや自明ではない

のかもしれません。

近代において行われた、国家や企業にとって有用な人材を確保するために、画一的で「健康」な人間を一定数保持するという発想がなくなれば、医療や看護はもはや一部の金持ちたちだけが享受できる特権的な行為になる可能性があります。

あるいは「宗教心が駆動するモチベーション」はそれを許さないかもしれません。キリスト教信仰の影響下にはない日本において「看護師が看護するモチベーションとは何か」という問いかけもまた、あらためて突き詰めて考えなければならない問題です。「なぜ看護をするのか」を問いかける作業もまた「超看護」の守備範囲にあります。

話を戻せば、準備性を整えた「道具」としてのインタビュアーが技術を身につけることで導き出せるものは豊かであるとしても、それでも、同じ質問によって引き出せる回答にはかならず差異がともないます。

したがって、ある特定のインタビューをなんらかのエビデンスとして固定化することが難しい場合があり、同じ人に同じ人が時をあらためてインタビューをしても、また異なった結果が出される可能性はゼロではありません。

したがって、私の考えは、「単独性」を極限まで知ろうとする過程を通して逆に「普遍」は生まれる、ということです。母集団が少ないのではなく、一人の人間を知り尽くすための方法と時間が足りないのです。

そのようなアプローチを、私は文化人類学や民俗学、文学などから学びました。周縁にあるいくつものディシプリンをどのように看護へと架橋していけばいいのか。これはその一つの試みです。

種々の学問分野と接続していくための道標をつけながら、私がいまの時点で頭に浮かべている目的地を二つ書いてみます。

一つは「新しい価値観の創出」あるいは「価値の多元化」です。当然と思われている「価値」に対して再度「果たしてそうなのか」と問いかける作業から豊かな議論の場が生まれると期待しています。

たとえば、医療の現場では、患者にすこしでも長く生きてもらうことを目標としています。その確固たる目標のために、あらゆるものは動いています。いわゆる「生命第一主義」です。

何をもってしても「自分の命」を大事に抱え続け「私」を取り巻く集団や社会や国家などは自分のために存在し、自分のかけがえのない命のためなら他の人や国家などは犠牲になってもいいという考えに直結しています。

その思いを身内や家族に置き換えて言い直すならば、たとえば「母親の命」をすこしでも長らえることができるのなら、お金やテクノロジーや他人の臓器やあらゆる方策と手段を尽くしたいと懇願する、ということです。

日夜改良されてゆく近代機器を駆使して命を守るという「想い」は尊いものではありますが、私はこのような考え方がいついかなるときでも採用できるかどうかには疑問をもっています。

「命よりも大事なものはないのか」と問うことは「安楽死」などをテーマにする場合にもとりわけ重要です。いついかなる場合でも、テクノロジーを駆使して患者を長く生かすことは果たして「善なる行為」なのでしょうか。

「死の問題」は、人間を「個人」ではなく「集団」として捉え、過去や未来とのつながりのなかで語られなければ、社会のなかで生きる個々人の本質を捉え損ねるでしょう。「超看護」の問題意識が「文学」と切っても切り離せない関係にある理由はここにあります。

そして、私が掲げるもう一つの目標は「理論と実践のあいだに道をつける」ことです。これについては、本書のあちこちで触れることになるでしょう。

また、いま述べてきた最初の目標とも深くつながっています。

その道へ踏み出すための心構えを簡略化して述べるならば、やはり「はたしてそれは本当にそうなのか」と「疑問」をもつことです。

「モデル」に落とし込んだりパターン認識に当てはめたりすることなく、つねに感覚の原点に立ち返ることです。義務教育や受験勉強にならされた私たちには難しいことかもしれませんが。

あるいは先に述べたように「矛盾を感じる能力」とも言えます。「この理論では現実と齟齬ができるのではないか」という矛盾から、実践につながる研究は始まります。

そして、ナイチンゲールが書いているように「看護は医学とはまったく異なる」

という認識も念頭においておく必要があります。

医学がカバーする領域よりも、看護が扱わなければならない領域の方がはるかに広いからです。

「技術」でも「研究」でも「思想」においても、医学と同じ方向を見ていると、看護学は新しい扉を開くことができないと思うのです。独自の役割があることを理解し、その扉を開くために再考するものはたくさんあるはずです。

看護教育においても同じです。答えのない広大な世界が待ち構えていることを意識せずに、モデルに当てはめる練習をすることは無意味です。看護の本当の魅力はそこにあります。少なくとも「超看護」を標榜している私が感じている看護の魅力はそこにあります。

さらには、いつの頃からか分岐してしまった文系科目と理系科目は、まず、看護の分野において統合されるでしょう。そのような基盤からなされた研究は「臨床の現場に届かせるにはどうすれば良いのか」という目標のもとに、かつて存在した知恵として立ち上がります。

私がこのような目的地への「道」を作るためにもち出そうとしている手段の一つに「ミメーシス（模倣）」があります。科学的にエビデンスが明らかにされる次元とは異なる、数値や言語には置きかえることのできない領域を知るための一つの入り口です。

身体に宿るＤＮＡがおのずから形づくるものと、西洋科学が人工的に形づくろうとするもののあいだに横たわる廃墟を歩くためのアプローチの仕方です。

これまで、儀式や伝統のもつ意義や、あるいは、イギリスの進化生物学者、リチャード・ドーキンスが提唱した「ミーム」と呼ばれるものと多くを共有しています。

人間であるならばかならずつきまとう「模倣」は、看護の現場や研究をどのように豊かにできるのでしょうか。

私たちのあらゆる生活場面、たとえば「名前、ファッション、身振り、言葉、食事、趣味嗜好、好悪……」などミメーシスと無縁なものはありません。私たちは完全なる「自分独自のオリジナリティ」から「名前、ファッション、身振り、言葉」などを作りだすことはありません。何らかの形で私たちは他者の仕種(しぐさ)や思いを真似しています。

研究の現場に置きかえても「先行研究、引用、参考文献、剽窃、盗作、コピペ、著作権、特許権、知的所有権」などの言葉はすべて、ミメーシスと関連づけて語ることができます。論文の「オリジナリティ」はあやういステージの上にあることがわかります。

そして、ミメーシスという切り口をここで取りあげる理由は、個人と個人のあいだに明確な境界線を引いてしまった近代的発想に揺さぶりをかけるためです。

ミメーシスという思考方法をもち出すやいなや、自己と他者のあいだの境界線は不分明になり、国家と国家のあいだの境界線は「ボーダーランズ」となります。

国家と国家のあいだに引かれている境界線は、面積ゼロの排他的な線分であり、そこでは、ある文化とある文化が接触すれば必ず生じる「文化の混淆」は計算に入れられていません。しかし現実には、ある文化とある文化とは別に異なるもう一つの文化がそこでは生まれています。自己と他者のあいだもまたお互いの影響下にあります。

言うまでもなく、現代社会を下支えしている個人と個人のあいだの境界線、国際社会を規定している国家と国家のあいだの境界線をただ崩壊させようとする意図はありません。ユートピアは頭のなかの遊びであり、理論と実践を結びつけようとする私にとっては目指すべき目的地ではありません。「病を癒す」「関係性を改善する」際に、それを阻んできた不自然な境界線を取っ払って再考することは、目的地へと前進するために大いに寄与するのではないかという試みからも ち出されています。

そのイメージを図式化すると、図1のようになります。

マイケル・タウシグという文化人類学者が著した『模倣と他者性』では「ミメーシス」を次のように定義しています。

図1◆ミメーシスによる自己と他者の捉え直し

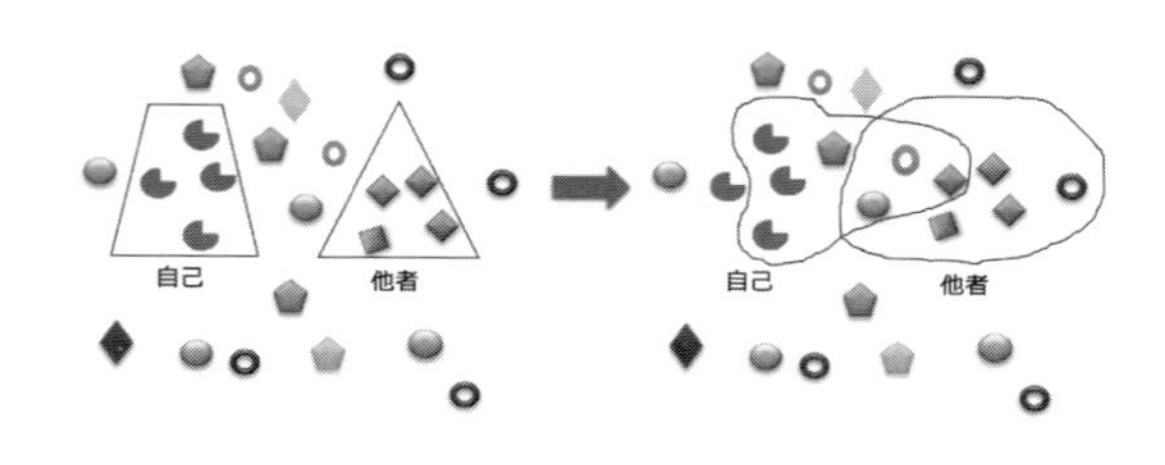

ミメーシス（模倣）とは〔……〕文化が第二の自然を作るために使う性質であり、コピーをし、真似をし、模型を作り、違いを探索し、他者へと変容し、他者になる能力である。

（マイケル・タウシグ『模倣と他者性——感覚における特有の歴史』拙訳、水声社、二〇一八年）

この説明のなかの「自然」という言葉は、すでにナイチンゲールの書いた文章のなかで登場していました。ポイントだけをもう一度書くならば「自然とは神のことではないか」ということです。これについては、またあとで触れることにします。

さて、この本では、人類学者（タウシグ）が「異質な他者」と出会い、「ミメーシス」を介して交流する例が多く語られます。「未開」の人びとは「五感」のすべてを使うことで「魂」や「精霊」を現実に引き寄せられると彼は述べています。

看護師もまた「魂」や「精霊」を引き寄せ、患者と交流し、ケアに役立てることができるでしょうか。

誤解を怖れずにいえば、スピリチュアルな、人智を越えた、神の領域にあるような、畏怖すべきものを味方につけるような、そのような現実的な態度のことです。

私たちがすでに失ってしまったものではありますが、取り戻すことは有用であると「超看護」では考えています。

生きるうえでなんらかの違和感を抱えてしまった他者に接して、五感のすべてを駆使して超越的な力を借りて患者に入り込み、健康というバランスを引き寄せるのです。

近代社会ではその「五感」が活躍する場を抑圧し、それによって、自己と他者のあいだに境界線を作ってしまい、魂も精霊も引き寄せられなくなってしまいました。日本において、河童や天狗がもう見えなくなってしまったこととも関係があるのではないでしょうか。言葉のもつ霊妙なる力を手放し、至るところにあった認識上の闇を光で照らし、理論的に計算されないものは無意識のうちに見えないものとして処理する力を手に入れました。

つまり、私たちは「何か」を手にして「何か大事なもの」を失ってしまったということです。しかし、最初の「何か」だけではもう立ちゆかなくなっています。

私たちが生きているこの「近代以降の社会」に、ミメーシスという発想を取り入れることで、「前近代」で享受していた重要な何かを取り戻せるのではないか、と私は期待しながらこれを書いています。

あるいは、「脱近代」におけるテクノロジーの発達は、窮屈な近代的世界観から私たちを飛翔させつつあることを、ミメーシスを仲立ちとして説明できるかもしれません。テクノロジーに問題があるのではなく、こちらの捉え方に問題があるのです。

ミメーシス論自体の詳細はタウシグの書を参照していただきたいと思います。近代があらゆるものを説明可能にすることで世の中をシンプルにし、その結果、人はもともと抱えていた豊穣な世界観を捨て去り、それと引き替えに、自然界のなかで頂点に立ったと錯覚していることを再度確認しておきます。

また、近代社会では「平等」の名のもとに規格化された「個」を標準化し、そこから逸脱する人びとは、犯罪者として監禁されたり、異常者として病院に収容されたり、何らかの形で排除される傾向にありました。しかし、彼らに焦点を当て、ポートフォリオを組み直すということです。

さまざまな特徴をもつ個々人が適切に配置された社会を復活させるという発想は、テクノロジーの発達とともにふたたび可能になりつつあります。

「神は死んだ」としても「何かに生かされている」という感覚、人間が人間として現れてから大半の時代においてもっていたそのような感覚を取り戻すことは、人びとが安楽に暮らすためにやはり必要なのではないかと考えます。

そこで「前近代と近代のはざま」を生きたナイチンゲールをもういちど振り返ります。『看護覚え書』の冒頭で彼女は次のように書いていました。

Shall we begin by taking it as a general principle — that all disease, at some period or other of its course, is more or less a reparative process, not necessarily accompanied with suffering: an effort of nature to remedy a process of poisoning or of decay [...]?

まずはじめに、病気とは何かについての見方をはっきりさせよう——すべての病気は、その経過のどの時期をとっても、程度の差こそあれ、その性質は回復過程であって、必ずしも苦痛をともなうものではないのである。つまり病気とは、毒されたり衰えたりする過程を癒そうとする自然の努力のあらわれである。
（『ナイチンゲール著作集　第一巻』湯槇ます監修、現代社、一九七五年）

一行目に掲げられていて、それだからこそナイチンゲールがもっとも述べたかった「general principle（一般原則）」は、ここではそのままの形では訳されていませんが、これは何なのかについて考えることは重要です。「まず一般原則について考えよう」とナイチンゲールは始めているからです。

おそらく、人間をあまねく支配している「原理」「原則」について述べていると考えられます。そして、ナイチンゲールはそれを「病気と治癒の関係」から説明していることがわかります。したがって、原則の内容を解明するためのヒントはその説明のなかにあります。

二行目の「reparative」は、辞書の一番上に書いてある意味の通りに訳すと「賠償の」となり、また「nature」を柳父章の『翻訳の思想――「自然」とNATURE』を参照し、さらに、先にあげた岩井禎三の訳語である「造物主（かみさま）」から類推するならば「神」や「天」などの観念上の上位の存在を意味していることがわかります。

それらを踏まえて、私が説明を足した「超訳」を書いてみます。

「一般原則」〔God（Nature）の論理〕を考えることからはじめよう。病気とは、その経過のあらゆる場面において、多かれ少なかれ、〔神や自然に支払う〕賠償の過程なのであり、それはかならずしも苦痛をともなうものではない。つまり、毒されたり衰えたりする過程を元に戻そうとする自然（神）の摂理なのである。

産業革命を終えようとしていたイギリスは、前近代から近代への過渡期にあり、ナイチンゲール自身が同時期に出版したキリスト教およびスピリチュアルに関する書物などを参照するならば、やはり「nature」は固有名詞としての「Nature」であり、そして「God」と考えるのが妥当でしょう。

とすると、ナイチンゲールを「近代看護の祖」と捉えるのは一面的な見方となります。自然や神を境界線の向こう側へと押しやることによって「文明」や「健康」を維持してきたと勘違いしてきた私たちにとって、ナイチンゲールが近代への過渡期のなかで残した言葉の奥底にある「揺れ」を捉えることは、境界線を乗り越える契機を与えてくれます。

古来、自然（神）のもつ力のあまりの強さの前に、私たち人間はその原理に逆らわないようにして長いあいだ生きてきました。

その後、自然（神）をコントロール可能だと信じていた短い期間を経て、いまでも私たちは自然（神）の力に頼りながら生きているのだと気づき、それなしでは世の中がうまく回らないどころか、生きることの意味さえも見失うようになったと嘆くようになっています。

それを理解するための「道具」がいくつかあり、ここではミメーシスを取り上げましたが、ベナーは「熟練看護師」になるために必要な「道具」として、ハンガリーの社会科学者、マイケル・ポランニーが提唱した「暗黙知」を取りあげていました。

たとえば次のような言葉からそれがわかります。

図2◆ 自然（神）の働きによるバランスの維持

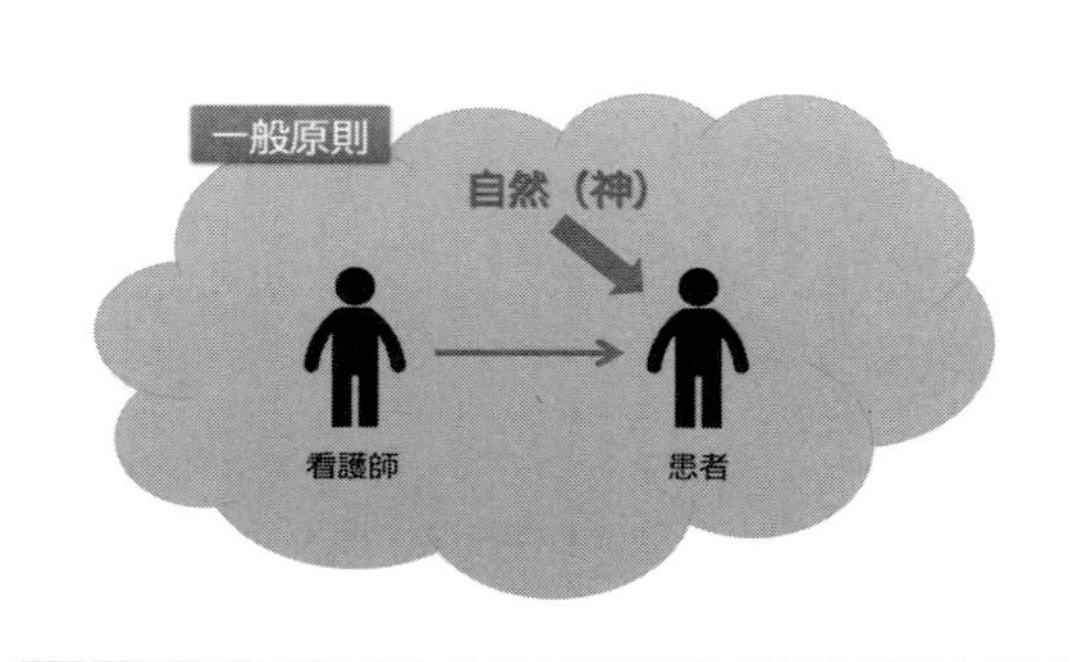

ポランニーは、この知的情熱の役割と、熟練した人間の問題解決の潜在的な側面を説得力のある形で語っている。知覚的な認識は、観念的な認識に先行する。たとえば、看護師は、心電図や血圧の変化などの明瞭なバイタルサインでそれが明らかになる前に、患者の表情から、総合的で微妙な変化を見分ける達人になる。

（パトリシア・ベナー『ベナー看護論　新訳版
——初心者から達人へ』井部俊子監訳、
医学書院、二〇〇五年）

図3のように図式化できるでしょう。

図3◆ミメーシスと暗黙知による知覚的認識

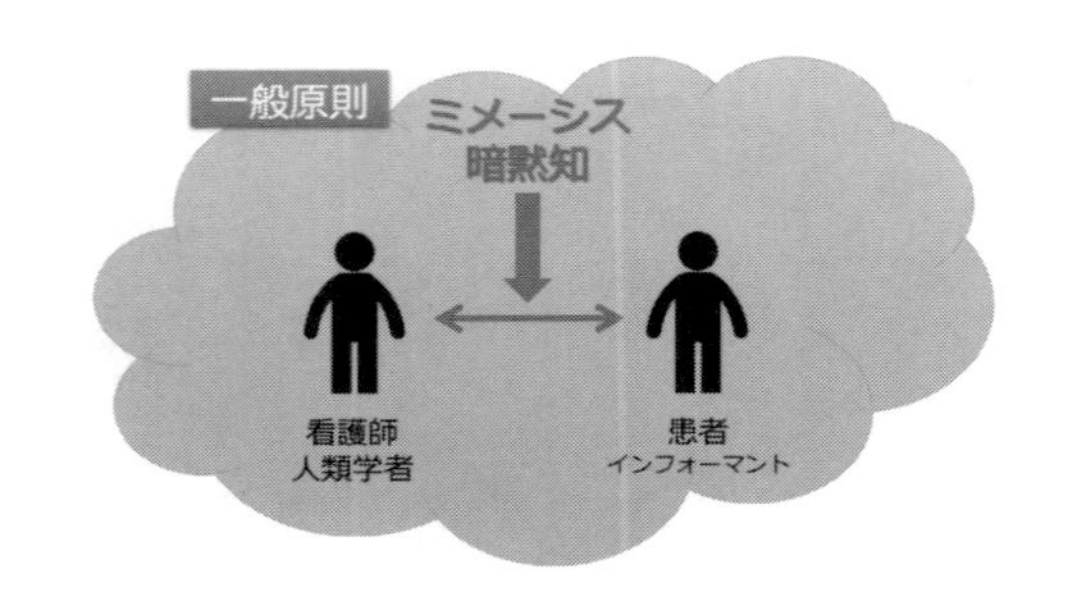

価値観を多元化し、理論と実践のあいだに道をつけるとは、既存の理論に個々人を還元することなく、個々人が抱えている世界をそのまま尊重すること、そして、それを知るためのさまざまな方法論を模索することです。

それを教えてくれるヒントは、看護師や看護に関わる人たちの「感情」です。感情というセンサーこそが道標となっています。看護教育の根幹は学生たちのセンサーを研ぎ澄ませることにあります。

そのセンサーはときに「疑問や矛盾」をキャッチします。それをそのままにしないことから看護研究は始まります。

「臨床ではなぜそのような行動をとるのか」「看護研究は何を明らかにしたいのか」などが頭に浮かんだら、それを放置しないことです。

疑問を解決するための手段として、ミメーシスや暗黙知は利用され、その結果、多元的な価値観を俎上にあげることができ、患者と看護師は同じ地平に立つことができます。

さらに、お互いの意思疎通を可能にする場を作ることができ、コミュニケーションの過程を通して、看護は「超看護」へと進化を遂げることができると私は考えています。

図4◆ 実践と理論のあいだを埋めるもの

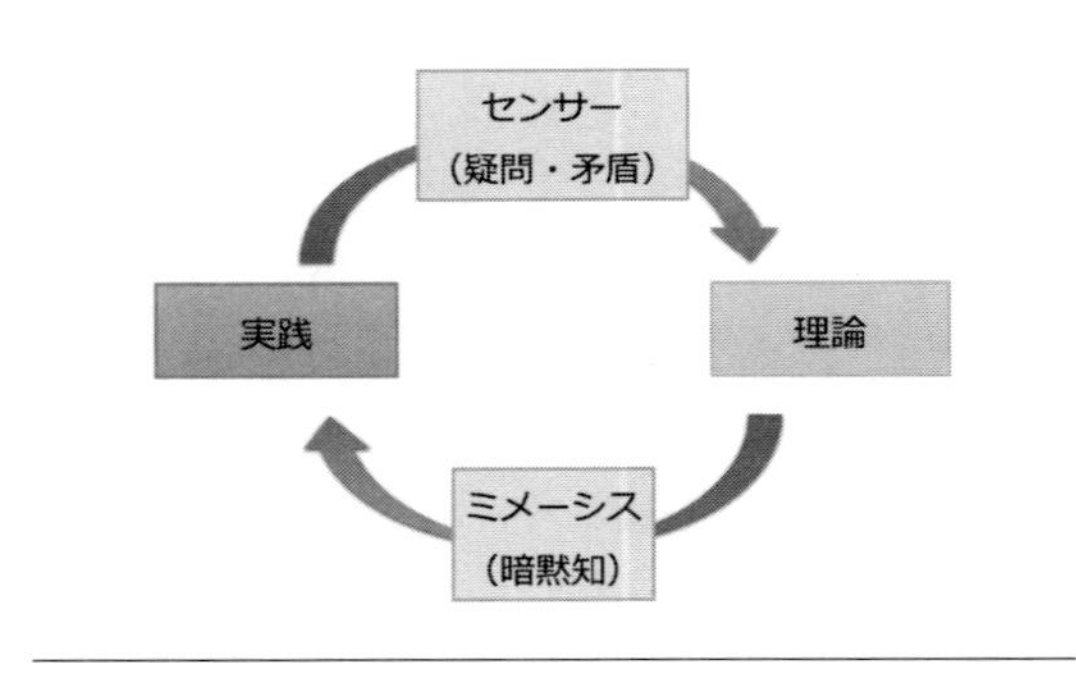

第3章

「アメリカの看護」という遺産

第二次世界大戦が終わって日本は、いわゆるGHQ／SCAP（連合国最高司令官総司令部）の主導によって、あらゆる面で「改革」が進められました。その占領政策の中身は、アメリカ合衆国による情報の開示やそれにともなう研究者の解読によって徐々に実態が明らかにされています。

とはいえ、それまで外国によって占領されたことのない「うぶな」私たちに施された改革の成果は、すでに、まるで私たち自身であるかのように私たちを動かしています。

したがって、戦争直後にアメリカによってわが国にもたらされた思想や制度を詳細に調べて立ち返ることは、私たちが当時「何を得て何を捨ててきたのか」を考察する作業でもあり、また、私たちはどのような存在なのか、を知ることにもつながります。

たとえば、文芸評論家の江藤淳が平成元年にまとめた『閉された言語空間――占領軍の検閲と戦後日本』をはじめとして、これまで多くの著作によってGHQが行ってきたことは明らかにされてきました。

それらが語る真実において、GHQの検閲や指示を通して日本人の深層心理に入り込んだ思想は、やがて「自己検閲」となり、私たち自身の思想を形成してきたことが浮き彫りにされています。

戦争直後のGHQの方針や意向に沿わなかった「日本の伝統的な遺産」のなかには、手つかずのまま残されているものもあるでしょう。忘却されてしまった荒野に着目していこうとするのがのちに述べる「里山看護」です。これについてはまた後で述べることになります。

サンフランシスコ講和条約（一九五二年）の発効にともないGHQの影響が消滅し

て以降も、私たちの前に姿を現すことのない遺産は多々あるに違いありません。戦後七四年の歳月を越えてそれらの埋もれた「廃墟」を逍遙し、有用なものとそうではないものを峻別し、いまでも有用な遺産を掘り起こすことはできるのでしょうか。ヴァルター・ベンヤミンは「歴史の概念について」で、過去に起こった出来事の総体を「廃墟」と捉え、そこから過去を選び出し寄せ集めて組み立て「過去にあり得た可能性」を見つけ出し解放することの重要性を論じています（『ボードレール 他五篇』野村修編訳、岩波書店、一九九四年）。

すでに忘却されてしまった知識や思想もまた第二次世界大戦の「陰」の遺産と呼べるものです。陰を通して陽とは何かを知ることができます。私たちの心の奥底にある陰の部分も併せて総合的に捉えることで、私たちは自らが何者かをよりよく知ることができるはずです。

しかし、自分を知ることほど困難な作業はないのもまた事実です。戦後の社会的かつ思想的混沌のうえに打ち立てられた「アメリカによる近代的な遺産」は、アメリカが用意したフィルターを通して語るよう私たちを促すからです。

すでに私たちは勝者とされる側に感情移入をしています。それは前近代と呼ばれる「闇」を投射しないように設計されており、アメリカや日本を「批判」しようとするときでさえ、当該のパラダイムのなかでの同語反復を招きます。

ＧＨＱが日本に滞在した約六年八カ月を境に、私たちは以前とは異なった「世界」を生きているという想定なしに、それぞれの「遺産」を正確に評価することはできないでしょう。

複数の視点を借りることによるパラダイムの相対化を行ったうえで「メタレベルの思考」を試みることが必要です。

戦後日本における看護改革に関しては、多くの優れた著作や論文の蓄積がすでにあります。日本の看護改革を知るために欠かせない著作として、ライダー島崎玲子・大石杉乃編著『戦後日本の看護改革――封印を解かれたＧＨＱ文書と証言による検証』（日本看護協会出版会、二〇〇三年）や、佐藤公美子『わが国の占領期における看護改革に関する研究――地方への看護政策浸透過程』（風間書房、二〇〇八年）などがあります。

看護分野におけるＧＨＱに関する多くの研究書や論文の通奏低音は「ＧＨＱの指示を受け入れることは苦痛をともなうものではあったが、看護職の自律性を確立するためには他に選択肢はなかった」というものです。

戦前と戦後に横たわる懸隔に対するさまざまな反応はあったとしても、ＧＨＱによって霧の向こう側に隠されてしまった戦前の「廃墟」と照らし合わせて日本独自の看護を抽出しようとする動きはほとんど見あたりません。

たとえば「戦前から近代看護は進められていて断絶はない」（『わが国の占領期における看護改革に関する研究』）や「日本人にとって屈辱的な出来事であったが、医療と看護の改革は日本人の福祉のために実施されたものであり、結果的にはほぼ適切な改革であったと言っても過言ではない。〔……〕武官や文官の多くが日本の文化、社会、歴史、さらに明治憲法に理解を示し、日本の実状を考慮して改革を行った」（『戦後日本の看護改革』）などです。

さらに「大きな犠牲を考えても〔……〕偉大な前進であった」（飯塚スヅ『わたしの看護昭和史』日本看護協会出版会、一九八七年）などの意見がある一方で「ＰＨＷ（公衆衛生福祉局）のナースたちは、それ〔①助産婦をなくして保助看三婦を一つの職能にまとめる、②医師と看護婦による施設分娩とする〕を間違いない最良の策と信じ、その遂行のため使命感にあふれていた。問題なのは、日本社会の多くの要因と関わるお産の形態、文化現象とも言えるものを、背後にある諸々の要因に配慮せず、木に竹をつぐような無理をしてしまったところにある。これは、PHW関係者の助産婦に関する理解不足に基因する」（大林道子『助産婦の戦後』勁草書房、一九八九年）とし「サムスの日本医療に関する多くの事実誤認」（同書）という批判的な見方もあります。

もちろん、このような意見の対立は看護分野に限らず、すでに近代化を受け入れた社会で思考し、そのなかで過去と未来を語っている私たちにとって、困難な作業であることは言うまでもありません。

おそらく、エピステーメー（ある時代における知の総体的な枠組み）の存在を意識的に対峙させて思考を重ねてきた学問分野を視野に入れた領域横断的な知見を参照することによって、はじめて霧を晴らすことができるのでしょう。

もちろん、アメリカが日本に導入した看護思想や制度を否定し断罪することは私の本意ではありません。他の分野と同様、私たちはそれらの遺産を使いこなし大きな成果を上げてきた現実があります。肝要なのは、いかに過去の有用な「遺産」を発掘し、いかに未来の看護を効率よく発展させていくかというところに焦点があります。

その際に、医療に特有の問題の一つとして「病気」と「回復過程」の関係は当該のパラダイムのなかで独特の症状を呈し、それに合わせた独特のケアを必要とするという点があります。

人間の身体は科学的および合理的に解明できるほど単純ではなく、複雑な要因の結果として病気として発現しますから、近代医学がどれほど発達しようとも病気から私たちが解放されることはありません。

つまり、病気は社会構造や衛生状況のみならず、人びとの思考形態や宗教体験など多岐にわたる要素が絡み合って可視化され、その治癒の方法は、時代の枠組みのなかで移り変わることによって最善のものが見つけ出されます。

そのような性格をもつゆえに、当該のパラダイム以外の「もう一つの現実」を調査し検討することがあまり意味のない行為に映ってしまう傾向があります。

しかし近代医療では対処不可能な症状を総合的に見直す際に、日本という特定の風土に適した制度と思想を探る試みは無駄ではないでしょう。

GHQのいわば強引な改革を知るにつれて、あえてそれ以前の過去に分け入り、これまで触れられなかった遺産を探り出し、それらの有用性を検討するという試みは他分野でも自覚的に行われています。
看護分野においても同様の蓄積はすでにあり、今後に参照されるべく対象の時空間および学問領域はさらに多様化していくと思われます。

ここではまず、戦後、絶対的な影響力を行使したＧＨＱの目指した社会がどこにあったのかという原点に立ち戻るところからはじめます。

たとえば、ダグラス・マッカーサーの指示のもとで看護・医療改革を進めた公衆衛生福祉局長のクロフォード・サムスは、自伝『メディック』で、公衆衛生に関するさまざまな分野における占領軍の方針を明らかにしています。

サムスは第一四章「看護」（Nursing）で次のように述べています。

> 占領以前の日本における看護は**専門職とは認識されていなかった**〔……〕私たちが抱えていた問題の一つは**家族を病院から追い出すこと**にあった。
>
> （Sams, Crawford F. "*Medic*": *The Mission of an American Military Doctor in Occupied Japan and Wartorn Korea*. New York: M. E. Sharpe, 1998. 強調引用者）

同じ章のなかで「私的使用人（personal servant）」や「掃除婦の女性（cleaning woman）」と形容された戦前の看護婦の解放をまさに使命と考えていたサムスは、日本の看護改革において、おもに次の二つを遂行しようとしたことがわかります。

一つは「家庭で行われてきた看護」との境界が曖昧なままの「看護師による看護」を独立した専門的職業として認めたうえで、医療制度のなかに付置することです。これにより必然的に、家庭で施されてきた看護は縮小するだけではなく、主婦が行っていた看護は「プロ」と比べて一段劣るものと認識されはじめます。家庭から看護が失われるだけではなく「軽視される」という点は重要です。

つまり、この一連の動きは「看護師」という職業を誇りあるものとして「自律」させることと連動し、看護という行いを「家庭の主婦」から「病院に従事する看護師」へと引き渡していく動きを加速させるからです。

サムスが目指したもう一つの目的は、患者を家族という閉じられた共同体のなかでケアされる存在にするのではなく、市場経済の論理に従わせることです。看護を家庭から追放し、看護師という仕事を自律させ、患者を病院に囲い込むという流れです。

要するに「看護職の自律の確立」と「患者が近代医療を受ける権利」を推し進めるGHQの働きはセットとなり、それによって、私たちは現代にまで続く近代医療からの豊かな「遺産」を手にしたのです。

では、私たちはいったい何を失ったのでしょうか。

それを考察するためのきっかけとして、前近代と近代のいずれにも精通している文明批評家、イヴァン・イリイチの意見を参照しながら、異なったパラダイムを架橋してメタレベルで思考するための論点を整理していきたいと思います。

近代とともに生まれた学校制度がいかに本来の学習を阻害しているかを指摘した『脱学校の社会』でよく知られたイリイチの『医療の限界』（邦訳『脱病院化社会』）(Illich, Ivan. *Limits to Medicine: Medical Nemesis, the Expropriation of Health*. London: Marion Boyars, 1975) では、GHQや戦後の私たちが是としている医療制度の「専門化」と「近代化」を批判的に論じています。

イリイチはまず、医者のあり方を「前近代」と「近代」の二種類に分けます。前者は「文化の伝統によって基準化され」、後者は「官僚組織の結果として」存在すると述べます。

まとめるならば、文化の伝統によって構築された医療を「前近代的医療」、官僚組織に位置づけられた医療を「近代的医療」と定義することができます。

前近代と近代に分けてそれぞれの特徴を考察していく方法は、看護理論家マドレイン・レイニンガーがそれぞれの地域に合わせたよりよい看護（とりわけ「ケア」）を行うために創出した概念である「イーミックなケア」と「エティックなケア」（McFarland, Marilyn R. and Wehbe-Alamah Hiba B. *Leininger's Culture Care Diversity and Universality: A Worldwide Nursing Theory*. Burlington: Jones & Bartlett, 2015）とも呼応します。

前者は「特定の文化体系のなかでのみ通用するケア」、後者は「より普遍的なケア」を意味しています。レイニンガーは文化人類学者という立場から看護にアプローチし、その結果、科学的な医療の適用とともに土地土地に適したケアを行うことによる有効性を提唱しました。

このようにして、異なる文化を比較したうえで最良の方法を見つける相対化の作業は、私たちが考察しようとする「時間（時代）」によるパラダイム転換と同じように、「空間（地域）」においても有効であることがわかります。

レイニンガーの慧眼によるイーミックなケア（民間的ケア）の実践と研究を通して、

前近代や未開とされる地域とそうではない地域の文化に優劣はないという前提を認識するのです。

戦後日本の状況にあてはめて考えるならば「戦前と戦後」および「西洋と東洋」の両者の面を併せもっていると考えられますが、その両者に優劣はないということです。

前近代と近代のあいだのベクトルの向きを柔軟に再考するのと同時に、西洋と東洋のあいだのオリエンタリズムに絡めとられないよう留意する必要があります。

GHQの側に立つならば、未開社会を近代化するというベクトル、遅れた東洋の国々を西洋化しようとするベクトルも働いています。

その一環として考察された、文化人類学者のルース・ベネディクトによる名高い『菊と刀』およびその原型である『日本人の行動パターン』は、アメリカによる日本理解のために戦時中から構想されていたものです。

また、ベネディクトに大きな影響を与えたイギリスの社会人類学者のジェフリー・ゴーラーによる『日本人の性格構造とプロパガンダ』は、大東亜戦争の初期にすでに執筆されています。西洋人にとって理解不能な民族と映った日本人は「参与観察の対象」として描写されました。

文化人類学者が第二次世界大戦中にどのような役割を果たしたのかについては、デイヴィッド・プライスによる著作があります（Price, David H. *Anthropological Intelligence: The Deployment and Neglect of American Anthropology in the Second World War*. Durham: Duke University Press, 2008)。

近代科学が導入されて合理化される以前の伝統的な社会における医療のもとでは、日常的に痛みや苦しみと隣り合わせに生きていたと想像できます。前近代的な人びとにとって、それらを即座に取り除くことは困難な場合が多かったため、痛みや苦しみの体験から結果的にさまざまな影響が生まれました。

病によって日常生活を通常通りに送れない時間の長さは、そこから抜け出そうとする意欲とともに、孤独感に耐えるための方策の創造に思考が向かいます。痛みや苦しみを耐えなければならない状況が、たとえば「共同性」や「宗教」を生み「哲学」などの学問を生んだとさえ言えます。

したがって、病気と治癒の関係性の変遷はその他の領域とも密接に絡み合っており、逆に考えれば、文学や経済や政治など多様な視点から病気は語られることで医療や看護への理解が増すと考えられます。

現代では、痛みや苦しみを効率的に除去する方法が進歩したことで、それらが醸成ってきた「意味」は変質しました。あるいは、意味を作り出さずとも治療によってやがて苦痛は過ぎ去るために、必要とされなくなりました。

一方で、近代医療によっても解決できない「死」の問題については、依然としてスピリチュアルな側面からのアプローチが試みられ続けています。癒すことのできない痛みや苦しみが宗教的な側面と結びついている証左でもあります。

しかしまた、一見、誰にでも訪れる確固たる事実のように見える死は、前近代と近代では捉え方がかなり異なります。円環的な時間のなかに生まれ落ちた伝統的な社会と、直線的時間のなかにおかれた文明社会では、死は異なる意味合いが付加されています。

前近代における「生」は、自然が巡るようにある一定の「循環」のなかで成熟します。その過程を通して、経験は蓄積され、人生の謎はすこしずつ昇華され、やがて、安らかな死を迎えてあの世へと旅立つ。「運命、富、身分」など、そこでは問題にされませんでした。フーコーは次のように書いています。

ルネサンスの頃は、死は還元的な意味を担っていた。つまり、死の普遍的な働きによって、運命や、富や、身分の差はかき消された。死は否応なしに、各人をすべての人のもとに引き寄せた。骸骨の乱舞は、生の裏側で、一種の平等主義的な無礼講をかたどっていた。死は間違いなく運命の埋め合わせをしたのである。ところがいまや、死は反対に独自性を作るものとなった。個人が単調な生活やその平均化から逃れて自分自身にふたたび結びつくのは、まさに死においてのことなのであった。

（ミッシェル・フーコー『臨床医学の誕生――医学的まなざしの考古学』神谷美恵子訳、みすず書房、一九六九年）

しかし、近代的思考においては、未来に向かって進む直線的なレールの上に「生」は乗せられ、個々人はばらばらにされ、個別性のなかで死との戦いを挑まなければならなくなりました。「死」という終着点でようやく本当の自分に出会うのです。

その結果、近代以降の医者は、人間を自然や運命や意味のなかで総体的に診ることができなくなり、文化のなかで蓄積された伝統よりも「科学」に基づいた治療の有効性を信じて疑わなくなりました。また、そうせざるを得ませんでした。

医者が近代医療の治療方針に基づいて手術や薬を扱うさまをイリイチは「企業家」と表現しました。

病者の役割は、最近までは伝統的なものだった。けれども、フーコーが呼ぶ「新しい臨床医学」が均衡を変えた。医師はだんだんと人間の生き方を説く役割を捨てて、啓蒙化された科学の企業家の役割を引き受けるようになった。（イリイチ、前掲書）

企業家は時代や土地が築いてきた知恵の存在よりも、唯物的かつ合理的に解釈された医療を重視します。もちろん、合理的な官僚組織は一面において医療や看護を画期的なまでに進展させ、死を待つほかなかった多くの人びとの命を救済してきました。

その相克のなかで、私たちは何を選びとっていけば良いのかに目を向ける必要があります。

「死」の捉え方さえも変容し、苦痛の「意味づけ」も変遷し、現代においてはもはや、病気であることはまれに起こる「非常事態」となり、健康は「無徴」で病は「有徴」となりました。

同時に、健康や健常であらねばならないという強迫観念だけが肥大化し、かつて生活の一部に入り込んでいた病がもっていた有意義なナラティヴは忘れ去られました。

病にまつわるナラティヴは民俗学や文化人類学や文学の分野へと移行したのです。しかし、看護師はもともと、病の複合的で多岐にわたる「意味」をくみ取ることを通して患者を知ろうと努めてきたのではなかったでしょうか。

患者を「観察する」という行為を多面的に言語化したフローレンス・ナイチンゲールは、看護に携わる者がもつべき知識について「看護の知識は、医学的知識とは別であり、専門家のみが持ち得る」と述べていました。

看護は医療とは異なる感性や視点や態度において「プロフェッション（専門的職業）」であれと説いているのです。医療が近代化して痛みや苦しみが減少し、宗教的側面を人びとがそれほど求めなくなったとしても、それでも看護はまさにその点に注意を向けなければならないのです。

ナイチンゲールはさらに「看護ほど単調で実務的とは反対の仕事はありません。つまり、いままで感じたこともない他人の感情のなかに自らを投じる能力が、これほどまでに求められる仕事はないからです。もしこの能力を携えていないのならば、あなたは看護という仕事には向いていないのです」と戒めています。

「実務的」であってはならないと述べる言葉の含意は、看護の仕事を官僚組織の一部として機械的に行うのではなく、患者の背景にある個人史、家族関係、地域や国家のもつ「文化」までをも視野に収めた「意味の理解」を強調しているからでしょう。

イリイチは「文化は意味の体系であり、文明は技術の体系である。文化は痛みを意味のある体系のなかに統合することによってそれを耐えられるようにする」（イリイチ、前掲書）と端的にまとめています。

意味を生み出すことで苦しみから抜け出せるのだとしたら、患者の文化を知ることは看護師にとっても貴重な情報源となり得ます。

近代医学によって置き去りにされてしまったものを拾い上げるのが看護であり、看護の自律と医師の自律は異なるという認識が必要であると私には思われます。

サムスが誇らしげに語る「患者に寄り添う看護（beside care to patients）」を施す看護師は、患者の傍らに立ちながら「何を行うのか」があらためて問われています。ただ近くにいれば良いのでしょうか。

こう考えると、イリイチは『医療の限界』で、おもに医師を念頭において論じているのですが、実際には、彼が突きつけている問題の大半は看護分野において再考されるべきものと考えられます。

医師は「近代医学」を駆使して患者の病気を「治療（cure）する」ことに専念し、看護師は広い範囲から患者の「文化」までをも視野に入れて「ケア（care）する」という役割分担になります。ケアは普遍性や合理性を求めるものではありません。

ナイチンゲールもまた、著書のなかで詳述している看護の仕事は、けっして合理的であることを優先しているわけではなく、観察を通して患者のなかに「意味」を感じとる行為に着目しています。

ナイチンゲールの『看護覚え書』が世に出てからちょうど一〇〇年後にヴァージニア・ヘンダーソンの『看護の基本となるもの』が出版されました。基本的な看護の本質を記述したヘンダーソンの言葉のなかにも同様の記述が見られます。

ヘンダーソンは、看護師が行うべきは、患者「その人に取っての意味」における「健康」「病気」「死」に寄り添うことであって、自分の考えを押しつけるべきではないとしています。

患者の「皮膚の内側に入り込む」看護師を理想像とするヘンダーソンにとって、看護師は患者と一体化し「患者の文化」の住人になることを目指したと思われます。

看護師は患者への「ケア」を通して「意味」を受け取る人びとです。乳幼児から高齢者にまでいたる人びとを「気遣い」世話をします。自分の身内ではない患者をあたかも親族であるかのように接します。

しかし、対象者である人びとの背後に広がる風景は無限かつ複雑です。しかも、病状とともに状況は刻々と変化します。したがって、患者が発信する情報は看護師の予想をつねに裏切ると予想できます。看護師と患者のあいだに横たわるこのような断絶を乗り越えるために、看護師はどのような「態度」をとる必要があるのでしょうか。

看護に哲学的視点を付与し現象学的観点から捉え直そうとしたパトリシア・ベナーは、主著である『ケアでもっとも大切なこと』のなかで、看護師のとるべきケア（関心）について次のように述べています。

> 個々人の関心を理解しようとするとき、関心は関わり（involvement）と定義できるから、量的な「どのくらい」というよりもむしろ「どのように」巻き込まれているかを問う必要がある。
>
> （Benner, Patricia and Wrubel, Judith. *The Primacy of Caring: Stress and Coping in Health and Illness*. Menlo Park: Addison Wesley Longman, 1989）

換言すれば、看護師の仕事は、医者が行う仕事である「どの薬をどのくらい処方するか」のような観点とは異なり、患者の背後に広がる膨大で気まぐれな世界に巻き込まれつつ対処する方法のなかにあります。

医者と看護師は患者に対する視点も態度も異なるのです。看護師は数値を通して患者を理解するわけではなく「人間」そのものに出会い理解します。ケアという企ては、患者という未知の荒野に分け入ろうとする態度や心構えなのです。

ベナーは先の文章に続けて「患者の背景に存在する意味に関して、私たちは文化を共有することによって同じ意味を共有できる〔……〕患者をケアすることで熟練看護師は〈患者であること〉というもう一つの文化に入っていくのである」と書いています。

文化人類学者がまったく慣習の異なる未知の共同体へと足を踏み入れていくように、看護師は「患者であるという文化」をもつ人びとのなかへと入っていきます。

ベナーはこのようにして具体的な事例についてこの本で述べてゆくのですが、最後に「痛みから人びとを解放するという科学技術の華々しい躍進を社会が過大評価し、そのような科学技術の自己認識を後ろから支えているケアを認識できない限り、ケアを提供する人びとは社会からの無関心や不当な評価にストレスを感じるだろう」と、科学技術の発達におけるケアのあり方の根幹について述べています。

テクノロジーとケアは両立するかという問題については、早い時期にすでにマーガレット・サンデロウスキーが論じています。「一九五〇年代初頭、看護師は注意深いケアの本質を根本的に変える機器を使用し始めた」（マーガレット・サンデロウスキー『策略と願望――テクノロジーと看護のアイデンティティ』和泉成子監訳、日本看護協会出版会、二〇〇四年）と悲観的に語りながら、テクノロジーの発達は看護師の「観察」には寄与しないとしています。

現代における病院での看護師の変化を詳細に描写し「観察」からはほど遠い「テクニカルな看護」となってしまっていることを分析し、真の看護とはテクノロジーに対抗することなのか、テクノロジーにケアを同化させることなのか、と問題を突きつけています。

おもに米国で導入され、臨床医と看護職の中間職に位置づけられる「ナース・プラクティショナー」が孕む問題にも正面から論じています。それらに対する答えはいまだに出ていません。

病む人びとが看護する人びとの助けを借りながら癒される過程のなかで得られた膨大な知識は、近代看護にとっても振り返り学ぶべき価値のある歴史ではないでしょうか。

もちろん、テクノロジーの発達は看護の分野においても恩恵として迎え入れられるべきです。留意すべきことは、テクノロジーが代替できることとできないことに対する考察の欠如です。

ここでもう一度、サムスおよびGHQが目指した日本の看護改革の内容を簡単に振り返ってみましょう。サムスは自伝のなかで「使用人」や「掃除婦」にしか見えなかった女性たちを家庭から社会に出るよう促し、看護師を医療制度の官僚組織のなかで「自律」を達成するよう支援し、家庭のなかで看護されていた患者はプロの手でケアを受けるよう病院に向かわせることを目指しました。

サムスの考え方はきわめて共産主義と親和性が高いというのが私の感想です。ドイツの社会思想家であり共産主義者であるフリードリヒ・エンゲルスは『家族・私有財産・国家の起源』(岩波書店、一九六五年)で、社会が近代を迎えて「妻は筆頭女中となり、社会的生産への参加から駆逐された」と述べ、主婦の仕事を貶めたうえで社会へ参画させようとしました。

さらに「近代的個別家族は、妻の公然とまたは隠然の家内奴隷制のうえに築かれて」いると共産主義への道筋をつけています。

また「夫は家族のなかでブルジョアであり、妻はプロレタリアート」とし「女性の解放は、全女性が公的産業に復帰することを第一の前提条件とし、これはまた、社会の経済的単位としての個別家族の属性を除去することを必要とする」と述べています。ここでは詳しく述べませんが、看護師の自律の確立に影響を与えている思想的な背景について、これからさらに考察されるべきでしょう。

ここまで見てきましたように、主婦が家庭で執り行っていた看護や、その土地に根づいたケアは、テクノロジーが発達した病院という管理組織と優劣関係におかれるのではなく、補完関係におかれなければならないことを確認してきました。

ちなみに、市場経済には換算されないけれども社会のなかで重要な役割を果たしている仕事をイリイチは「シャドウ・ワーク」と名づけていました（I・イリイチ『シャドウ・ワーク――生活のあり方を問う』玉野井芳郎・栗原彬訳、岩波書店、一九八二年）。

それとともに、看護の本質である「患者中心の看護」によって、患者にとってのさまざまな「意味」を感受する能力の重要性についても見てきました。しかし、「シャドウ・ワーク」や意味の源泉もまた、日本とアメリカでは異なると考えられます。

サムスは自伝のなかで日本の未熟な看護のあり方を非難し、アメリカに倣った専門職化を推し進める決意をしたためたあとに、米国聖公会（キリスト教の一派）の寄付によって建てられた聖路加国際病院だけは唯一評価できると記しています。

聖路加国際病院は戦後アメリカ軍に接収され一九五五年まで米軍極東中央病院として使用された病院です。サムスが称賛した理由は、アメリカからの支援によって創設されたという経緯とともに、さらに重要なことは、マッカーサーによる日本へのキリスト教の布教の指示が影響しています。

看護改革に限りませんが、GHQの改革の裏にはつねにキリスト教の陰がありました。歴史・政治学者の岡﨑匡史による労作である『日本占領と宗教改革』によれば、マッカーサーは「米国のキリスト教会と連携し、一千万冊の聖書を日本人に配付させるよう命じて、三千人以上もの宣教師が日本で布教活動をし、宣教活動は十字軍のごとき様相をみせた」（岡﨑匡史『日本占領と宗教改革』学術出版会、二〇一二年）とのことです。

実際、ＰＨＷの看護師たちの使命感はキリスト教の布教活動と表裏の関係にありました。サムスのもとで働いていた公衆衛生福祉局看護課長だったグレース・エリザベス・オルトもクリスチャンでした。

ＧＨＱ内の人物描写に詳しい『戦後日本の看護改革』からオルトに関する記述を抜き出しますと「オルト家は全員がメソディスト教会の熱心な信者であり〔……〕ミッショナリーとして人びとを救う最善の方法は看護婦のミッショナリーになることだという結論にいたった」（ライダー島崎、前掲書）とあります。

また「オルトが看護改革にかけた情熱は〔……〕メソディスト教会のミッショナリーとしての使命が大きく影響していた」（同書）という記述もあります。

病める人びとを救いたいというモチベーションがキリスト教思想から来るものであることを明らかにしているわけです。これは私たち日本人にとって、検討すべきポイントです。

また、そのオルトのもとで働いた二代目の看護課長であるバージニア・オルソンも熱心なクリスチャンで、オルトは「日本にもキリスト教を必要としている者が多く、宣教も可能である」(同書)という言葉で彼女を日本に誘っています。

結果的には、日本にはキリスト教は定着しませんでした。これにはいくつかの理由がありますが、戦後の時点では、GHQが神道をはじめとした宗教を公教育に導入するのを禁止したため、キリスト教の宣教師たちも学校の施設を使用することができなくなった影響が大きい、と岡崎は述べています。

そのため、日本の看護師たちは、多くのクリスチャンの看護師の努力があったにもかかわらず、キリスト教の精神には基づかずに「看護する精神」だけを受け入れたことになります。「看護する精神」すなわち「なぜ看護をするのか」というテーマは何よりもまず議論すべきテーマです。

ちなみに、日本の看護草創期には多くのクリスチャンがいました。有名な大関和(おおぜきちか)も敬虔なクリスチャンです。キリスト教と看護を重ね合わせて「看護婦という職業に一つの使命感を持つにいたったその背景にはキリスト教との関係が存在した」との認識をもっていました。彼女は「入信以来、聖書を片時も離さなかった」(坪井良子編『近代日本看護名著集成 別巻解説』大空社、一九八九年)とのことです。

したがって、戦後の日本が受け入れた「看護する精神」のなかには、分かちがたくキリスト教精神が宿っていると考えられます。オーストラリアの看護歴史家であるシオバン・ネルソンは『黙して、励め』で、修道女たちこそがアメリカの看護の創始者だと突き止めました。

> 修道女たちは、看護の仕事は「とても多くの改宗者を獲得」できる強力な力をもっていることを知っていた。しかし同時に、修道女たちを中傷する者もいた。このような中傷者に対しての唯一の防衛策は、修道女の病院をどこよりも優れたものにすることだった。そのためには、近代医療を促進し、熟練した看護師を提供しなければならなかった〔……〕宗教的な鍛錬によって彼女たちは、原則としては「専門職」や女性「企業家」といった概念を敬遠していた。
>
> (Nelson, Sioban. *Say Little, Do Much*. Philadelphia: University of Pennsylvania Press, 2001)

宗教的な存在である修道女と近代医療が併存し、さらには私たちが見てきた近代的な「専門職」や「企業家」を否定しつつ、近代医療を使いこなす熟練した看護が求められています。

彼女たち自身のなかに前近代と近代が共存していることがわかります。前近代的で土着的な要素を付加した独特の看護文化がアメリカの看護には存在しているのです。

キリスト教が日本では定着しなかったことを考慮すると、アメリカのこのような独自の看護制度や看護研究をそのまま輸入する際には矛盾が生じるのではないでしょうか。

普遍的な「看護」はもはや存在しませんから、それぞれの文化を背景とする看護師は「どのような心構えで何のために看護をするのか」という根本的なところでつねに自問自答する必要があります。「日本における看護する精神とは何か」という問いかけは、今後「より良い看護」を提供するためには避けて通れないものとなるでしょう。

ヨーロッパで資本主義が発生した理由をキリスト教の精神から読み解いたマックス・ウェーバーは「善行はそのものが選ばれた者であることを示す印として不可欠なもの」（マックス・ウェーバー『プロテスタンティズムの倫理と資本主義の精神』中山元訳、日経BP社、二〇一〇年）という点にその因果関係の重きをおいています。キリスト教圏における看護の精神の源泉もまたここからはじめることができるかもしれません。

しかし、日本の看護に目を向ければ、もともとは市場経済には含まれない家事労働である「シャドウ・ワーク」としての看護（ケア）が、戦争における従軍看護婦などの歴史を通して制度化されながら、戦後、GHQの看護改革という「西洋の衝撃」に大きな影響を受け、いまは、病院という営利組織で「近代化」と「西洋化」と「世俗化」のディレンマのなかにあります。

最適な答えは私たち自身が見つけていかなければなりません。

近代化（合理化）を「脱呪術化」としたウェーバーが「合理化が進むということは、私たちが生活している条件についての一般的な知識が増大することを意味するものではない」（マックス・ウェーバー『職業としての政治／職業としての学問』中山元訳、日経BP社、二〇〇九年）と述べたことは、テクノロジーの発達がかならずしもケアの増大にはつながらないこととつながっています。

看護研究にいま求められているものの一つは、過去にさかのぼり、その思想的背景を突き止めることだと私は考えています。この文章では、日本の看護を形作る複雑な要素を「ＧＨＱという鏡」を通して相対化し「日本における看護する精神とは何か」を考えるための一助にしようと試みました。

第4章

「死」は恐ろしいことなのか?

おもに明治時代以降、人びとの暮らしが便利で豊かになっていく過程で、さまざまな研究者や作家が「時代の変化」を書きとめてきました。そこには、私たちがいまや当然のものとして受け止めている「近代」という時代を相対化する視点が多く含まれています。

伝統的世界観から近代的世界観への推移のなかにはもちろん「死生観」の変容も含まれていて、彼らが残した文章を通して、死生観とともにそれに関わる「時間認識」や「共同体への認識」、それと「表現形式の変化」を読みとることができます。

それらの文章を読むにつけ「忌避される死」という近代以降の死生観について考えさせられます。それを再考することから、新たな知見が得られるのではないかと考えるようになりました。

死について私たちが考えるとき「死は恐ろしいもの」という前提があります。その前提をもとにして、私たちは死に脅えながら備え「看護」は施されてきました。

やがて誰もが「死にゆく人びと（dying people）」という立場におかれますが、そうなれば、他の人びとからは畏れと哀れみをもって見つめられるようになるでしょう。

このように忌み嫌われている「死」は「エンド・オブ・ライフ」と婉曲用法で語られもします。終末期、終生期などとも呼ばれ、いずれにしても、人生の「終わり」です。

しかし「人生の終わり」という認識は、「死は恐ろしいもの」という前提を増幅させています。また「死」を恐怖と捉える思考方法は、一方で「生」の属性をおのずから憂鬱なものへと変質させます。

生の終わりである死が恐ろしいものならば、生はただ精神的にも肉体的にも刑場へと向かう受刑者が歩く道のりのようになるからです。

「死は恐ろしいもの」を前提とする社会のなかに生まれ落ちた人びとは、あらためて「死は本当に恐ろしいものなのか?」と立ち止まって疑問を呈する機会を得ることは難しいでしょう。患者を死への転落から救い出すことを生業とする医学や看護に携わる人びとにとっては、なおさらのことです。

しかし、生と死の苛烈な現場からある程度身を引き離して領域横断的に死を眺めてみるならば、また違った景色が見えてくる可能性があります。そのときに、前近代と近代のはざまを生きた人びとが残した文章は役に立ちます。

たとえば、さまざまな意味で死の意味を探求する宗教学、前近代的な社会に生きる人びとを探索する文化人類学や民俗学、そして「人間とは何か」を幅広い視点と表現方法によって描き出してきた文学など、生と死を時間的にも空間的にも厚みをもって記述してきた分野の知見を瞥見するならば、死は一概には恐れるべき対象ではなかったことに気づかされます。

恐れられている死をただ対処療法的に扱うのではなく「死自体」に焦点を当てて「死とは何か」を再考するためのいくつかの相対的な視点を提示してみたいと思います。その過程を通して「死の迎え方」や「生のあり方」の新たな道標を提示できるのではないか、と考えています。

近代化を経験する以前の社会における死は、現代とはかなり異なった相貌をもって描かれてきたことがさまざまな分野から見てとれます。

民俗学を創始した柳田国男による『先祖の話』には「人は亡くなってある年限を過ぎると、それから後は御先祖さま、またはみたま様という一つの尊い霊体に、融け込んでしまうものとしていた」(柳田国男「先祖の話」『柳田国男全集(一三)』筑摩書房、一九九〇年)と書かれています。

このような、私たちとは異なる死生観を保持した前近代的な人びとに関して、ドイツの社会学者、マックス・ウェーバーは次のように説明しています。

彼らは生命の有機的な循環のうちにあって、晩年にいたって、生きることによって与えられる意味をすべて理解していたのであり、解きたいと思うような謎はまったく残されていなかった。

（マックス・ウェーバー『職業としての政治／職業としての学問』中山元訳、日経BP社、二〇〇九年）

つまり「生」は道行きの先にある崖から落ちるように収束を迎えるのではなく、ある一定の「循環」のなかで成熟していく過程そのものにあるということです。その過程を通して、もともと抱えていた人生の謎は徐々に消失してゆくのでしょう。

しかし、近代的思考のなかでは、未来に向かって進む直線的なレールの上に「生」は乗せられるために「死」は突然の「生」の停止となり途絶のように感じてしまいます。

つねに「新しいもの」「進歩したもの」を目指し続ける生き方を選択する限り「死」は挫折になり「恐ろしいもの」となります。ウェーバーは先の説明に続けて次のようにも書いています。

文明人は文明が絶えず豊かなものとなるプロセスのうちに生きているために、思想においても、知識においても、問題においても、豊かになり続けるばかりで〈生きるのが嫌になる〉ことはあっても、生きることに満ち足りることはなかった。

（同書）

「時間」をどのように捉えるかが「死」の捉え方と大きく関与していることがわかります。敷衍（ふえん）すれば、時間に対する思考の転換は、死は「恐ろしいもの」ではなくなる可能性を秘めていることを示唆しています。

私たちが慣れ親しんでいる近代的な時間認識は、前近代的なそれと相対化することによって、その本質的な意味が暴露されます。

では、参照すべき前近代的な時間認識とはそもそもどのようなものだったのでしょうか。

一般的には、農業中心の生活形態のもとで「太陽を中心とした季節の循環」に頼って生活を営んできた社会ですから、必然的に円環的な時間感覚が醸成されたと考えられます。ウェーバーが述べた「循環」はこのことを指しています。

時間は未来を目指して前に進むのではなく、何度も同じ場所を巡ってくるものとして把捉（はそく）されます。近代を迎えるまでの人間の時間認識は、国や地域を越えてこのような円環状をなしていました。

しかし、自然環境に寄り添った時間を採用せずに、科学的に正確な時間を導入した近代的生活においては、円環的な時間感覚はそこに停滞しているイメージとともに薄れてゆきます。

また、現実世界における資本主義において、科学的時間が不可欠となったこととも関係しています。

やがて、円環の輪が解けた時間のラインは未来へとまっすぐに広がり、人間は目的地のない道程の上へと立たされることになりました。

とはいえ、現代においても前近代的な価値観にアイデンティティを見いだそうとする地域は数多くあり、とりわけ文化人類学の分野において記録されてきました。

たとえば、前近代的な思考形態に価値を見いだす地域としてメキシコがあります。インディオとの混血を自覚しているメキシコ人は、一年に一度の「死者の日」を盛大に祝います。

「死者の魂は年に一度、親族のもとへと戻ってくる。そのとき、死者と生者の境界線は溶解する」（Castro, Rafaela G. Chicano Folklore: *A Guide to the Folktales, Traditions, Rituals and*

Religious Practices of Mexican Americans, New York: Oxford University Press, 2000）という認識を共有する、メキシコ人の詩人でノーベル文学賞も受賞しているオクタビオ・パスの「時間」に関する言葉を引用してみます。

パスは「革命（レボルシオン）」という言葉を取りあげ、時間に関する近代との違いをこう説明します。

> 革命という語は、円環的時間の観念を含みこんでいるから、それならば、変革というものは規則的であり反復的であるという観念もそこに含まれているはずだ。ところが現代の語義は、永遠の回帰、諸世界や諸天体の回転運動という観念を指し示してはいない。〔……〕本来の意味において、レボルシオンとは過去の第一義的重要性を主張する語彙だった。あらゆる新奇な事物はじつは戻ってきた事物であり、新しさとはすなわち「戻ること」だった。
>
> （オクタビオ・パス「革命と円環」高橋均訳、『現代思想』一九八八年八月号、青土社）

革命（レボルシオン）とは、近代以降に一般に考えられているような、それまでの体制を破壊して一から「新たな体制」を組み立てることではなく、共同体の中心にある不可欠の「何か」の周囲を巡ってくることに他ならない、とパスは考えます。

したがって、円環的時間においては、過去よりも未来がよりよいものになるという「信念」は存在しません。同一物の反復は、長い時間をかけて構築された伝統にしたがって生きることに価値を見いだします。何度も同じところを「差異」をともなって「反復」する螺旋状の時間を「前近代人」は生きたと想像できます。

ここで付言すべきは、前近代を生きた人びとは「同じところ」をまったく「同じように」ぐるぐると周り続けたわけではないということです。

フランスの哲学者ジル・ドゥルーズが、ニーチェが使用した用語である「永遠回帰」を借用して「永遠回帰は〈同じもの〉を回帰させることはない。そうではなく、回帰は生成するものについていわれる唯一の〈同じもの〉を構成する」(ジル・ドゥルーズ『差異と反復』財津理訳、河出書房新社、二〇〇七年)と説明しているように、人びとの前にまったく「同じもの」が到来するわけではありません。

季節が巡るように人生が熟していくという感覚は、同一の経験をただ繰り返すという単純作業から生まれるわけではなく、むしろ差異のなかに生の運動を見るのです。

一方で、時計の機械的な時間が等間隔で刻々と前に進むような均質な「生」においては、人びとは無機質な時間感覚のなかにおかれ「生は着実に死へと近づく営み」のなかにおかれます。

同様の時間認識について、もう一つ異なる分野からの事例を挙げてみます。ルーマニアの宗教学者であるミルチャ・エリアーデもまた『永遠回帰の神話』のなかで同様のことを述べています。

> ある事物もしくは行為が真実なものとなるのは、ただその祖型を模倣するか、それを繰り返す限りにおいてである。つまり実在とはただ反復もしくは分与を通してのみ獲得される。模範的モデルを欠くものは何であれ無意味なこと、すなわちリアリティを欠くのである。（ミルチャ・エリアーデ『永遠回帰の神話』堀一郎訳、未来社、一九六三年）

「模範的モデル」は、伝統を継承するなかで時間をかけて当該の共同体に属する人びとによって「祖型」として彫琢されます。

あらためて確認しておくならば、伝統は個々人の内部においてのみでは成立せずに、共同体のなかで培われます。ゆえに、前近代の死生観は共同体のあり方と不可分の関係にあります。

エリアーデは先の言葉に続けて「歴史における〈一回起性〉と〈新しきこと〉とは、人間生活における最近の発見なのである」とも述べます。

歴史は繰り返されることなく新たに形成してゆくことができると信じている近代人にとっては、日々の生活における精神的・身体的な向上かつ社会的な地位の上昇こそが重要な関心事となるでしょう。そうすることで周囲との関わりのなかで作られた「エゴ」を満足させ、競争を勝ち抜き、生き延びることができるからです。

その過程のなかで勝ち抜いた少数者こそが、歴史に名を残すにふさわしい人物となります。「英雄」が生まれるメカニズムは「個人」の力で何かを成し遂げられるという思考形態がなければ成立しません。個人を重視しすぎる社会における当然の帰結です。

近代は共同体に融け込んだ非人称を生きることを許さないとも言えます。近代人は自然によって繰り返される退屈な絶え間ない循環をせき止め、新奇で創造的な構築物を打ち立ててゆく「絶対精神」（ヘーゲル）に価値をおくのです。そのような考えのもとでは、共同体は個体の死を越えて存在することはないでしょう。

直線的時間と円環的時間という時間概念の相違が「死」（および「生」）をどのように捉えるかに影響を与え、引いては、自己と共同体をどのように捉えるかにも影響を与えることを概観しました。

前近代には存在しなかったにもかかわらず、近代以降に生じた精神的な失調の一因も、この点にあると考えられます。それは共同体から引き離された「孤独」がもたらす病という面があるからです。

フランスの社会学者であるエミール・デュルケムが『自殺論』で「自殺は個人の属している社会集団の統合の強さに反比例して増減する」（エミール・デュルケム『自殺論』宮島喬訳、中央公論社、一九八五年）と述べたように、個々人が集団から孤立する度合いに応じて自殺者の数は増えるようです。

生の行き着く先にかならず訪れる死に対して、たった一人で対処するならば、その生の時間は「終末」を迎えるまでの孤独な戦いの時間となってしまうことは容易に想像できます。

共同体の束縛から自由になった「自己本位主義者の悲哀は、彼がこの世に個人以外なんら現実的なものを認めないところから生まれる」(同書)とするならば、私たちは近代以降の社会にあっても共同体との関係をつねに考え直す必要があるでしょう。

わが国においても同様の問題意識を共有していた作家がいます。漢文(前近代的な立脚点)と英文(近代的な立脚点)のどちらにも精通していた小説家の夏目漱石は『吾輩は猫である』に登場する禅者独仙に次のように言わせています。

「昔の人は己れを忘れろと教えたものだ。今の人は己れを忘れるなと教えるから丸で違ふ」。この台詞は自己が共同体に対してもつ心構えの相違を端的に述べています。

漱石の生きた時代において、円環的時間のなかで築かれた共同体のなかで熟していく人生と、直線的時間のなかで個々の自我と向き合いながら進歩していく人生のあいだの差異は、徐々に明らかとなっていました。

前近代と近代、あるいは東洋と西洋のあいだで悩み抜いた漱石の感じた共同体と自我の関係のあり方に対する問題意識は、のちに『行人』の主人公である一郎に「神は自己だ」「あの百合は僕の所有だ」（夏目漱石「行人」『夏目漱石全集（七）』筑摩書房、一九八八年）とまで言わせるようになります。必要以上に共同体から切り離された近代人の行き着く先を暗示していると言えるでしょう。

「死ぬか、気が違うか、それでなければ宗教に入るか。僕の前途にはこの三つのものしかない」という一郎の台詞は、共同体のなかで安らかに死を迎えることができなくなった近代人の悲哀を表現しています。

近代的機構として現れた家族関係のなかの配偶者の役割を受け入れられない知識人の一郎は「孤独なるものよ、汝はわが故郷なり」と呟きます。近代社会のなかで人びとは個人として放り出され、孤独を抱えて生きることになります。伝統的な共同体を喪失しつつある現代に通ずるものがあります。

ウェーバーと同時代を生きた夏目漱石や泉鏡花らが作品を積極的に世に送り出した明治時代後半は、わが国における近代への過渡期にあたります。

二〇世紀以降（明治三四年以降）の交通機関や通信機器などの近代的なテクノロジーの発達が環境を変容させていった時代です。すでに近代化された社会に生まれ落ちている人びとが気づかないことを、当時の人びとの迷いや葛藤は「私たちはどのような社会を生きているのか」について教えてくれます。

たとえば、近代の象徴である「ツーリズム」一つをとってみても前近代と近代の選択を迫る分岐点となります。

新しい交通手段を手に入れた中産階級が何らかの目的をもって「生まれ育った土地」を離れて滞在する行動様式を「ツーリズム」と呼ぶならば、それはまさしく近代特有の現象です。

鏡花の代表作である『高野聖』が発表された明治三三年は、産業革命と結びついた近代ツーリズムがわが国に根を下ろしはじめた時期ですが、近代主義に価値を見いださなかった鏡花の作品には近代的なツーリストはいっさい登場しません。

一方で、同時代を生きた漱石は変わりゆく交通網と通信網を積極的に取りあげ、それらに影響を受けた結婚制度や家族形態を題材とした作品を多く残しています。とりわけ「鉄道」の登場は象徴的な出来事ですが、二人の受けとめ方は異なります。「木曾街道、奈良井の駅は、中央線起点、飯田町より一五八哩」（泉鏡花「眉かくしの霊」『泉鏡花集成（六）』筑摩書房、一九九六年）で始まる鏡花の『眉かくしの霊』（一九二四年）と「梅田の停車場（ステーション）を降りるや否や」で始まる漱石の『行人』（一九一三年）で言及される「駅」について、鏡花は社会の表層的な変化として触れるにとどまりますが、漱石は近代文明が私たちに与える未来をそこから幻視しようとしました。

前近代と近代の過渡期における、テーマや文体の多様性はもはや私たちには想像がつかないほどであり、その混沌のなかで作家は自らの道を模索しながら選択していきました。

このように、前近代と近代の過渡期に登場したさまざまな技術や思想に対して、当時の知識人がそれらをどのように咀嚼し受容（あるいは反発）したかは、私たちが時代を相対化するための重要な視点を与えてくれます。

漱石は近代「小説」の執筆に踏み出し、鏡花は反復される「物語」を書き続けました。物語の生み出す集合的記憶が他者との共同性を生み「鏡花世界」と呼ばれる共同性を創り出したのです。

漱石は『それから』以降で積極的に問題にしたような、社会関係のなかにおかれた恋愛が作り出す発話の多義性を主題に選びました。恋愛は家族などと同様、近代に向かわざるを得なかった日本が制度として受け入れる際の軋轢として登場したのです。小説と物語の違いについて、哲学者の野家啓一が簡潔にまとめています。

「紙と文字」を媒体にして密室のなかで生産されるのが近代小説であるとすれば、物語は炉端や宴などの公共の空間で語り伝えられ、また享受される。小説がつねに「新しさ」と「独創性」とを追求するとすれば、物語の本質はむしろ聞き古されたこと、すなわち「伝聞」と「反復性」の中にこそある。独創性がその起源を「作者」の中に特定せずにはおかないのに対し、物語においては「起源の不在」こそが、その特質にほかならない。

（野家啓一『物語の哲学――柳田國男と歴史の発見』岩波書店、一九九六年）

小説（漱石）は、作者という個人の独創によって生まれると信じられるのに対して、物語（鏡花）では、作者は不在であり共同体のなかで反復して語られます。前者は、孤独な戦いを強いられ、後者は、共同性を形成します。

かつては、個々人の存在は伝統的な「土地」を媒介にした共同体とともにありましたから、一人称は不在のままで死生観を個別に問われることはありませんでした。所属している共同体があるからこその「個人」であり「死生観」でした。時間の堆積とともに蓄積された伝統や儀式や所作が人びとの死生観を疑いようのないものにしてきたのです。

☆

マックス・ウェーバーによれば「近代化」とは「合理化」のことです。理性によって森羅万象を解明できるという信念のもとに進められる合理化は、人智を越えた力を認めずに「呪術からの解放」を目指します。

しかし、すべてを科学によって合理的に説明できるようにするためには、世の中を単純化しなければならず、そこに軋轢が生まれます。

私たちが連綿と築いてきた社会にかならず付随していた「ノイズ」や「ぶれ」や「剰余」や「欠損」を存在しないものとするには、それらとともにそこに宿っている「意味」をも捨象しなければなりません。

そこの部分にこそ、人間にとって不可欠な要素が含まれていたというのが私の考えです。死生観においてはとくにそうでしょう。「死」はいまだに人智を越えたものであり続けているからです。

合理的な主体は、それらの捨象されたものや目に見えないものを感知する非理性的な働きを認めませんから「他者」とのあいだには否が応にも境界線が引かれることになります。

したがって「寄り添い」（ハイデガー）や身体の接触も物理的な動作以上の意味を

もたなくなります。

「孤独なるものよ、汝はわが故郷なり」と述べた『行人』の一郎の苦悩は、近代を生きる私たち自身のそれでもあり、畢竟、近代人はおしなべて一人で死を迎えるようになります。近代以降の死を考察する上で「合理化」および「呪術からの解放」は少なからず死生観に影響を与えていることがおのずから導き出されます。

この点についてさらに述べる前に「小説」という文体を通して説明を加えることにします。その理由は、小説や詩、絵画や音楽などの分野は、合理化された言語では表現できない内容を他の表現形式を通して描写しようと試みてきたからです。

ロサンゼルス生まれのメキシコ系アメリカ人であるロン・アリアスは一九七五年に『タマスンチャレへの道』という小説を発表しました。タイトルにある「タマスンチャレ」はメキシコに実在する小さな街で、気候的には南に広がる熱帯地方との接点に位置し、北アメリカ（近代）と南アメリカ（前近代）との狭間にあることを示唆しています。

小説の結構や表現もラテンアメリカの「魔術的リアリズム」（呪術の影響を色濃く残して書かれる小説の手法）の影響を多分に受けています。これらの設定を通して作者は、北（近代）でも南（前近代）でもある（ない）立ち位置にあえて自らをおいたと考えられます。

八〇歳の主人公ファウスト・キローガが死ぬまでの数日間を描いている『タマスンチャレへの道』は「dying」にあるファウストの意識のなかで、全編が死と生のあわいのなかにおかれ、時空間は直線には進まずに、過去と未来は交錯して描かれます。

前近代的で神話的な性質をも有するこの小説では、人間と動物の境界線、生物と無生物の境界線、現実と空想を隔てる境界線なども曖昧になります。

ファウストはタマスンチャレという土地について説明するなかで、そこでは、鳥と会話をすることができ、何にでもなれると述べています。リアルとフィクションのあいだの境界線は消失し、舞台はロサンゼルスの「バリオ」（近代都市の内部に点在する民族的共同体）からペルーの熱帯雨林へと一瞬にして飛びます。

小説内の「劇中劇」（一一章）では「タマスンチャレへの道はどこにも到達しない」（Arias, Ron. *The Road to Tamazunchale.* Albuquerque: Bilingual Press, 1987）という台詞が述べられ、近代と前近代の断絶および私たちが所属している共同体の絶望を表現しようとしています。

それとともに「タマスンチャレは故郷ではあるが誰もまだ見たことがなく、そこでは誰も死ぬことはない」（同書）とも語られます。

これらの言葉から、タマスンチャレはポストモダンにおいて模索されるべき新たな共同性なのですが、まだ誰もどのようなものかを理解できず、さらには、それは死後と直結していることが暗示されます。

劇中劇のなかで、タマスンチャレへと向かう際に乗りこむ「バス」は共同性のメタファーであり、最後にはみなバスから降ろされることになります。

到達する場所はあくまでも同じところ（死）であり「人はいつか死ぬ」という一点において認識を共有し、唯一の共同性を生きています。

人は誰でもファウストと同じように「dying」の途上にあることを知らされますが、しかし「dying」はけっして恐ろしいものではなく「dying」それ自体が人生であり、共同性を構築するプロセスであることを乗客はみな理解します。

フランスの哲学者、モーリス・メルロ＝ポンティが著した『見えるものと見えないもの』（主観と客観、自己と他者、触れるものと触れられるもの、見えるものと見えないものなどが互いに深く侵蝕する「キアスム」という概念を提示した）を英訳した哲学者のアルフォンソ・リンギスは、このような「小説」という形式でしか伝えることのできなかった前近代的な死について論述しようと試みてきた学者の一人です。

たとえば、次のような文章は、前近代的な思考へとダイブしながらも近代的な言語と文体を用いて死を表そうとしています。

> 死の時間〔dyingの時間〕は、人の力を目的（エンド）から切り離し、その人自身の終わり（エンディング）からも切り離す。死が差し迫ることによって、人は、可能性にたいして自分の力を結集させることによってしか再現したり保持したりできない過去から、切り離されてしまう。人は、最期の瞬間が待っている遠い場所へと歩を進めていくのではない。人は、漂う時間のなかに、どこにもたどり着くことなく進みつづけるよう強制されている時間のなかに、自分が宙吊りになっていることに気づく。死は、絶対的に、個人の歴史や人格間関係の歴史の外にあって、無限に、そして遠い昔からやってくる。それは、どこから来るのでもなく、どこに行くのでもない、時間の合間で起こるのだ。

（アルフォンソ・リンギス『何も共有していない者たちの共同体』野谷啓二訳、洛北出版、二〇〇六年）

近代人がはるか昔に切り捨ててしまった感覚をリンギスは独自の「ことば」のなかで再現しようとします。

個人で完結してしまった世界を「死」を仲立ちにして共同性へと再びつなげてゆくのです。直線的時間から円環的時間へと戻ることは、私たちにとっては「漂う時間」のなかで「宙吊りになっている」という感覚になるのでしょうか。

「時間の合間」で迎える「死」は、「エンド」でも「エンディング」でもない永遠に回帰する「生」を生きます。そのような感覚のなかではじめて「死」は「恐ろしいもの」という呪縛から解放されるでしょう。

つまり、死を個々人に限定された出来事から解放し、有機的な共同体のなかではじめて意味をもつ出来事として捉え直すのです。

近代的な個人を否定し、看護を自然科学の束縛から解き放とうとするアメリカの看護師、パトリシア・ベナーが「ことば」にこだわるのも同様の問題意識からきています。

表現のレベルから考えなければ、主観的な「病気」（illness）を客観的な「疾患」（disease）から取り戻せないと考えるベナーは『ケアでもっとも大切なこと』の結論部分で次のように書いています。

> 共同体の一員であり、所属している自己となるためには、関わり、意味、技術、関心、抱負を表現するための「ことば」が必要である。〔……〕客観化し、数量化し、状況から切り離された「管理のためのことば」と方法では、ケアを実践することはできない。
>
> （Benner Patricia and Wrubel Judith. *The Primacy of Caring: Stress and Coping in Health and Illness*. Menlo Park: Addison Wesley, 1989）

ベナーの意図に沿うならば、看護学が寄り添うべき周辺領域は「技術」としての医学とともに、「人間とは何か」「それをどのように表現すべきか」を研究の中心においてきた学問領域ではないでしょうか。

人間を客観的な身体として見る医学がカバーしない領域までも目配りすることに

よって、看護学は患者に対してさらなる癒しと安らぎを提供することができると考えます。

「死」は近代医学の観点から見れば「敗北」でしょうが、看護の視点から考えるならば深奥で複雑な要素を内包しています。家族関係、宗教や信条、世界観などさまざまな要素を考慮して患者と接する力を看護師は求められていると言えます。

看護教育学者のオリヴィア・ベヴィスは、著名な看護理論家であるジーン・ワトソンの言葉を借りながら、医学と看護学を比較し「医学の伝統は定量的・合理的な研究モデルから生じ、人間科学としての看護学は質的、現象学的、あるいは自然主義的な調査法に由来する」（E・オリヴィア・ベヴィス『ケアリングカリキュラム――看護教育の新しいパラダイム』安酸史子訳、医学書院、一九九九年）と述べています。

つまり「定量的・合理的な研究モデル」から逸脱してしまう人間の側面に焦点を当てることが看護学の眼目だとベヴィスは述べているわけです。

ベヴィスはさらに「還元主義や、観察や測定の可能な指標への依存、また経験主義や科学的方法に必要な事実や客観化などは、看護の思想の基本的な教義とは相容れない」と結論づけています。私もまたこのような考え方に与する者です。

死を「恐ろしいもの」と捉えるようになった経緯と一九世紀以降の近代化はリンクしていることを示し、近代を生きる私たちは対処療法的に死と取り組むよりもむしろ、死が恐怖ではなかった時代の考え方を取り入れることに意味があるのではないか、という問いを投げかけてみました。

その際に問題となるのは、参照すべき学問の射程であり「観察や測定の可能な指標」（ベヴィス）に過度に依存することは看護の取り扱うべき対象を矮小化させているということです。

定量的研究と「死は恐ろしいもの」という思いは密接に結びついています。

つまり、死は私たちを取り巻く複雑な環境のなかではじめて意味をもつ出来事であり、個を共同体から独立した存在として取り扱い、土地が育んできた関係性や時間が培ってきた歴史を取り去ることで、人間は死とともに壊れるただの「物質」となるからです。

最後に言及したワトソンは、看護における「合理的」な考察を批判していました。それは、冒頭に触れたウェーバーが指摘した近代における「合理化」という特徴と呼応します。

近代が招いた陥穽は看護にも同様の影響を与え「生」を隘路へと導く一つの要因となっています。それらを打開するためには、ベナーが提案するように、豊かな「ことば」から立ち上がる「意味」への洞察が求められると考えられます。

第5章

「前近代」から学べるもの

欧米由来の近代医学が発達し伝播されるとともに、多くの病気が治癒へと向かったことは事実ですし、それにともなって伝統的な治療方法は徐々に絶対的に劣るものとして打ち捨てられてきました。

それぞれの民族はそれぞれの方法で病を癒してきましたが、現代を生きる私たちから見れば、非科学的で、非合理的で、人道的に逸脱する場合もあったでしょう。有効性に疑問が残り「治る」ということの意味さえもが、現代とは異なっていた時代や地域もあります。

文学や文化人類学はそれらを書き残してきたという点において、前近代的な治療とそれを支える世界観のアーカイブであると言えます。

そこでは、理論ではなく経験を、机上の科学よりも蓄積された歴史に着目します。患者の身体が伝えようとしている声、身体の背後に潜む膨大な情報、言葉には言い尽くせない個人史、それらからくみ取るべきことは少なくありません。

ヒトはある特定の普遍的な観点から説明しきれるほど、単純な存在ではないため、健康になるための方法もその概念も一様ではないと私は考えています。

心身の不調を抱えた人びとは、一般に「病名」を求めて病院を訪れます。身体のどの部分にどのような異常があるのかを医師に特定してもらい、その病名を告げられるために病院と接触をもちます。

治癒のためのプロセスが始まる前に「それ」はまず「特定」されなければなりません。医師が「特定できない」と述べることは、ある意味、彼らにとっては目的地を失うことに等しく、患者にとっては、不安を増大する結果になるでしょう。

「病名」というレッテルが貼られない症状が私たちを不安に陥れる理由は、医療における既存のパラダイムのなかで宙づりにされてしまうことによります。パラダイムとは、時代や地域によって治癒へと向かう道筋や方法がそれぞれ固有に存在することを前提として「それぞれの社会のあり方」をここでは指しています。

私たちはその時代に特有の規範のなかに生まれ落ち、その規則に沿って生きることを強いられています。したがって、その規範のなかで私たちは病気になったり、健康を取り戻したりすると考えられます。

医学が前近代を脱して科学的な学問として成立するとき、場合によっては、新しいエピステーメー（その時代を特徴づける総体的な知の枠組み）へと移行し、人びとの「まなざし」が変化し、それに応じて「言葉」も変化しました。

フランスの哲学者、ミシェル・フーコーは『臨床医学の誕生』で、臨床医学が発生した経緯を説明していますが、彼によれば、近代以前の医学は「病」を個々人のものとして還元せずに「病気それ自体」に焦点を当てていました。

しかし、解剖学者のマリー・フランソワ・クサヴィエ・ビシャによる解剖学により、人体は一人一人の個に返されることとなりました。一八世紀の終わりのことです。

つまり、臨床医学は人体の死を直視することを契機として誕生し、主観と客観の結節点において治療が行われるようになったのです。

治療する側からは、死という生の終着地点から逆算して身体を見ることによって、生体内を、死に向かう一つのコスモス（生から死に向かって進む一つの統一体）と捉えることができるようになりました。これに関して、フーコー自身の言葉を引用してみましょう。

> 植物学的な法則性、臨床形態の恒常性は、新しい解剖学よりもずっと前に、病の世界に秩序をもたらしたのであった。この秩序づけの事実は新しくはないが、しかし、そのやり方とその基盤が新しいのである。シデナム〔臨床観察を重視した経験主義者でイギリスのヒポクラテスと呼ばれた〕以来、ピネル〔フランスの精神科医。精神病患者を鎖から解き放ったことで有名〕に至るまで、病は合理性の一般的構造の中に起源をもち、その外貌もこの構造から借りたものであった。ただ、そこで問題にされたのは自然であり、

事物の秩序であった。ところがビシャ以来、病理的現象は生命を背景として知覚されるようになったので、ある個別的主体において、生命が帯びる具体的、必然的な形に結びつけられることになる。

（ミッシェル・フーコー『臨床医学の誕生——医学的まなざしの考古学』神谷美恵子訳、みすず書房、一九六九年）

医者が「病理的現象を、生命を背景として知覚する」ようになったのだとしても、患者の側からは、現実的には自らが直面している徴候と症状に病名が付与される行為という点において、あまり状況は変わりません。

医学における画期的なまなざし、および言葉と治療法の変化も、患者にとってはさしたる変化とは捉えられなかったと言えます。

依然として医師による「名づけ」は、患者にとっては、治癒に至る重要なステップの一つとして位置づけられます。それは症状の改善には「直接的には」無関係であると考えられるけれども、宙づりにされた「不安」という精神状況が身体に影響を与えると考えるならば、目的地をとりあえず示すという安心感において、病名は観念と無縁でいることはできません。

「症状を説明して病名を告げる」というナラティヴは、患者に対して当該の医学体系のなかでの着地点を与えます。この地点においてはじめて、治療者と患者は同一の地平に立ち、「回復過程」という方向へと足を踏み出すことができます。

さらに、患者は「病気を自らのうちに引き受ける」というナラティヴを模索しはじめることができるのです。逆にいえば、ナラティヴの歴史のなかにこそ、前近代と近代の一つの切断面が映し出されていることになります。

そこで、ナラティヴ自体に焦点を当ててみると、一定の状態に保ち続けようとする「ホメオスタシス」の働きのもとでつねに移り変わる身体と、心身の不調を生じさせている複雑な要因が絡み合う状況のなかで、そのあいだに割って入り名前をつけるという行為は、スイスの言語学者、フェルディナン・ド・ソシュールが述べた恣意的なシニフィエとシニフィアンの関係とよく似ていることがわかります。

病名のもつ音と症状の内容は気まぐれに結びつき、ただ「差異」だけが意味を担保しています。しかし、その差異を作り出す文節は、時代と空間によって無数の可能性のなかにあります。

ある病気と病気のあいだに明確な境界線がないとしても、境界線が引かれることによって病名が与えられ、病気はその姿を現すことができます。区切られて可視化されることによって治療可能な状態になるのです。

病気に限らず、すべての事象は移りゆきますから、静態的な状況を仮想してからある現象に名前を付与するという行為は、他の分野においてもしばしば行われます。そうすることによって、複雑な思考ははじめて動き出すことができるというわけです。

したがって、アメリカの哲学者であるリチャード・ローティーが提唱した「言語論的転回」という言葉は「病」にも当てはめることができます。言語が現実を構成するという発想は医療にこそ求められているのではないでしょうか。

病名は差異性の体系のなかで布置されるという側面があります。身体は病名によって特定されて分断され、私たちはそれを受け入れる限りにおいて、与えられたパラダイムのなかで「回復過程」へと向かうことができます。

他方で、近代的なパラダイムが適用されないような「未開」社会においては、言うまでもなく、西洋の文脈のなかでの病名の「名づけ」という行為は、治癒に関しては有効性をもち得ないと推測できます。彼らは彼らなりの体系のなかで病気になり、そしてそれに合わせた適切な処置が施され、回復への過程をとります。

言語の違いは人びとの世界観の形成と関与していると捉える「サピア＝ウォーフの仮説」をはじめとした言語的相対論を参照すれば、一つ一つの病名とそれらの病名が構成している関係性もまた、人びとの世界観を下支えしています。

ある文化によって捉えられる病気の範囲は異なる文化によっては当てはまらない場合もあるでしょうし、異なる文化によっては、それを「病気」という範疇に置かないかもしれません。病気と健康という枠組み自体がまったく違う概念のなかで生活のなかに付置されている可能性もあります。

実体であるシニフィエに対するシニフィアン（病名）は、人びとが考える「意味の体系」を形成し、治療の体系と相関関係をもつようになるということです。

したがって、近代医学が浸透していない世界においては、身体の特定部分に病気が存在するかは定かではなく、それに病名をつけるという発想自体が疑問に付されることになるでしょう。なぜなら、病気の主要な原因を、神秘的なあるいは宗教的な要因と結びつけて考えてきたコミュニティは珍しくないからです。

概念的に言うならば、フランスの哲学者ジャック・ラカンによる「大文字の他者」や詩人であり評論家の吉本隆明が提示した「共同幻想」がなんらかの病気を引き起こすことは、精神分析や文化人類学などの分野ではよく知られていることであり、この点においても脱領域的な視点が求められています。

病気を把握するための入り口としての「名称」とは異なるアプローチを採用する社会が現に存在しています。ある症状に病名をつけて治療するという流れは普遍的ではなく、「症状」「病名」「治療」は異なる位相によって理解される可能性があります。

☆

精神分析学を専門とする村上靖彦は「病名」について「病名がつくのであれつかないのであれ、私たちが不安を感じるときには排除の可能性に直面している」（村上靖彦『治癒の現象学』講談社、二〇一一年）と記しています。「排除」とは帰属する集団内における疎外感であるとともに、言葉の体系からの疎外感でもあります。

村上は続けてすぐに「排除が実際に起こるかどうかは問題ではない」と補足しています。実際に共同体からつまはじきにされているわけでもなく、他の人から見れば「正常な」言葉遣いをしている人たちであっても、排除されてしまう場合があります。あるいは、自ら「排除」へと向かってしまうことがあります。その理由の一つに、患者を取り巻く環境の変化があります。

近代化とともに、急速に変化してきたのは、交通手段や通信機器だけではありません。教育も法律も芸術も常識もすべて含まれます。医学も例外ではありません。それは、長い時間をかけて構築してきた何かを捨てるということでもあります。

その際、排除されたのはじつは、個々人の心身のバランスである可能性もあります。たとえば、「大文字の他者」や「共同幻想」のようなシステムが影響して、自らが心身の不調を招いている場合もあると考えられます。しかし、このことを十分に理解し、腑に落ちるようにするには、私たちはあまりにも遠くまで来てしまったことも事実です。

フーコーが説明したように、解剖学による死を契機として身体を個々に特有のものとするまなざしを獲得し、それによって臨床医学が発達したとする流れの一方で、私たち日本人は長いあいだ、死という概念は、個体を非人称の集団のなかへと解体すると伝統的に考えてきました。そう指摘した一人に民俗学者の柳田国男がいます。

柳田の『先祖の話』によれば、身体は一人一人のもの、というよりも共同体を出入りする存在として考えられています。一九世紀以降に科学的な思考が輸入されて人びとの心に浸透するまでは、人間と自然は独特の方法で融合し合い「均一な空間に均一な時間が流れる」とする近代的思考からは異なる経験をしていました。

『遠野物語』にはそのような実例がさまざまな視点から書きとめられています。自分の心は自分だけのものではなく、自分の身体は自分だけのものではないことを柳田の文章から感じとることができます。

たとえば、精神的な不調を代表する症例としての「狐憑き」の話が『遠野物語』には五話収録されているのですが、いずれもが共同幻想が個人幻想に介入していくナラティヴとして読まれることができます。現代を生きる私たちからすれば「おとぎ話」のようでもある『遠野物語』が編まれたのはいまからわずか一〇〇年ちょっと前に過ぎません。

船越の漁夫何某、ある日仲間の者とともに吉里吉里より帰るとて、夜深く四十八坂のあたりを通りしに、小川のある所にて一人の女に逢う。見ればわが妻なり。されどもかかる夜中にひとりこの辺に来べき道理なければ、必定化物ならんと思ひ定め、やにわに魚切り包丁を持ちて後ろの方より差し通したれば、悲しき声を立てて死したり。しばらくの間は正体を現はさざればさすがに心に懸り、後の事を連れの者に頼み、おのれは馳せて家に帰りしに、妻は何事も無く家に待ちてあり。今恐ろしき夢を見たり。あまり帰りの遅ければ夢に途中まで見に出でたるに、山路にて何とも知れぬ者に脅かされて、命を取らるうと思いて目覚めたりという。さてはと合点して再び以前の場所へ引返して見れば、山にて殺したりし女は連れの者が見ておる中についに一匹の狐となりたりといえり。夢の野山を行くにこの獣の身を傭うことありとみゆ。

私たちがいま生きているパラダイムのなかでは「狐」は犬や猫と同じように「動物」の範疇に位置づけられ、人に憑いて惑わす存在とは考えられていません。したがって、ここに書かれている物語を心の底から理解することはすでにできなくなっています。

　この物語において漁夫は、ためらわずに妻のなりをしている女性を斬り殺すのですが、狐が人をだますことを当然だと考えている時代の規範のもとに漁夫が生きているからこそ可能なのです。欧米のシステムを導入するまでの私たちの祖先は、狐や狸が化かすという経験を当たり前のように経験していたことがわかります。

　同じように「河童」も近代へのプロセスのなかで脱色され、姿さえ消してしまいました。江戸時代の博物図鑑『和漢三才図会』には図入りで収録されている河童は、犬や猫と同じくくりのなかで当たり前のように紹介されています。私たちにはすでに見えなくなっている河童を、彼らは視界のなかに入れていたと考えるのが妥当でしょう。

　とすると、河童が私たちの前から姿を消したのは、物理的な視力の問題ではもちろんなく、ある種の感性の喪失によって察知できなくなっただけと考えられます。

　私たちは、河童を「闇」のなかへと葬り去るのと引き替えに光を手にしました。河童が見えていた時代とともにあった病気は、河童とともに見えなくなったということです。しかし、河童が見えていた時代には存在しなかった病気が、私たちを苛み続けています。

大正期を代表する小説家である芥川龍之介の作品『河童』は、柳田国男の『遠野物語』や『山の人生』の影響を受けて書かれました。昭和二年七月二四日の自殺の約半年前、昭和二年一月から二月にかけて執筆されたこの中編では、河童は前近代を表象する存在として戯画化されています。

結論を先取りしていうならば、前近代から近代へと急速に変化する日本で喪われていくさまざまなものを河童という表象に託し、芥川は河童が消えていく時代の流れを嘆いています。作家の感性は日本から喪失するものをたしかに透視していました。

しかし「滅んだ古い日本文明の在りし日の姿を偲ぶには、私たちは異邦人の証言に頼らねばならない」（渡辺京二『逝きし世の面影』平凡社、二〇〇五年）と思想史家であり歴史家の渡辺京二が書いているように、ある枠組みのなかにおかれた人びとは自らの立ち位置を正確に把握することがなかなかできません。

外国人が次々に来日するようになったころの記述をまとめた渡辺の『逝きし世の面影』には、芥川が生きた時代の直前には「陽気」で「天国」のような社会があったことが豊富な資料とともに記されています。渡辺は次のように結論づけています。

衆目が認めた日本人の表情に浮かぶ幸福感は、当時の日本が自然環境との交わり、人びと相互の交わりという点で自由と自立を保証する社会だったことに由来する。浜辺は彼ら自身の浜辺であり、海のもたらす恵みは寡婦も老人も含めて彼ら共同のものであった。イヴァン・イリイチのいう社会的な「コモンズ（共有地）」、すなわち人びとが自立した生を共に生きるための交わりの空間は、貧しい者も含めて、地域のすべての人びとに開かれていたのである。

（同書）

日本が長い時間をかけて培ってきた風土に訪れた異国の人びとは、それを驚嘆し愛でています。と同時に、西洋の影響が広まっていくことを悲しむ文章が並びます。大波のような変化に巻き込まれる人びとの姿を、芥川は河童に託したのでしょう。河童が見えなくなった現代人の視力は、たしかに近代を自分のものとした証と言えます。

芥川の『河童』は、主人公が、早発性痴呆（統合失調症）のために精神病院に入院している患者（二三号と呼ばれている）から「河童の国」について話を聞くという設定をとっています。二三号は上高地から穂高山へと向かう途中で河童に出会います。山で河童と出会ったのは偶然ではありません。山もまた前近代から近代への流れのなかで位置づけは大きく変化しました。上高地もまたその境界地帯にあったのです。

つまり、泉鏡花が『高野聖』等で描いたように、日本の歴史を通して「山は狂気の還る場所だった」（佐谷眞木人『柳田国男――日本的思考の可能性』小沢書店、一九九六年）のです。芥川は『遠野物語』で頻出するナルコレプシーを利用し、意識を失わせることによって異界への通路を開きます。

するとそこには僕の知らない穴でもあいていたのでしょう。僕は滑らかな河童の背中にやっと指先がさわったかと思うと、たちまち深い闇の中へまっさかさまに転げ落ちました。が、我々人間の心はこういう危機一髪の際にも途方もないことを考えるものです。僕は「あっ」と思う拍子にあの上高地の温泉宿の側に「河童橋」という橋があるのを思い出しました。それから――それから先のことは覚えていません。

僕はただ目の前に稲妻に似たものを感じたぎり、いつの間にか正気を失っていました。

(『河童』)

小説家や詩人、画家や音楽家は、それぞれの表現手段を通して、数字や言葉では表現できないものを越えようとします。人間が醸成してきた感情や社会体系は、簡単に表現できないことがわかっているからです。数字や言葉にすることでこぼれ落ちてしまったものに自覚的であり、彼らはそれらをどうにかして表そうとします。たとえば、小説家や詩人の想像力が「闇」という言葉に言及するとき、近代的な論理ではとらえきれないものを表現しようとする意図がふくまれていることが少なくありません。

「闇」という比喩はこれまで、神話にささえられた原始的な社会秩序や、西欧世界において隠蔽されてきた錬金術やヘルメス学などの神秘学、または無意識や夢の世界などの広範な内容を代弁してきました。

精神的な病はどこからか訪れて発症するのではなく、闇と出会い、闇に足を踏み入れることによって発症します。病名のなかに無理矢理に押し込めてとりあえずの安心を得ようとする近代的な方法は、「回復過程」とは直接的には無関係な行為です。精神的に不調に陥っている者を見るまなざしさえも変化していることに私たちは気づいていません。

柳田国男は『山の人生』で、精神病について「昔の精神錯乱と今日の発狂との著しい相異は、じつは本人に対する周囲の者の態度にある。我々の先祖たちは、むしろ怜悧にしてかつ空想の豊かなる児童が時々変になって、凡人の知らぬ世界を見てきてくれることを望んだのである。すなわちたくさんの神隠しの不可思議を、説かぬ前から信じようとしていたのである」と述べています。精神的な病は、居合わせた人びとが一緒になって作り上げていると柳田は述べています。狐憑きについても同様です。

医者の少しく首をひねるような病人は、家族や親類がすぐに狐憑きにしてしまう風が、地方によってはまだ盛んであるが、なんぼ愚夫愚婦でも理由もなしに、そんな重大なる断定をするはずがない。たいていの場合にはいままでも似たような先例があるから、もしか例のではないかと、以心伝心に内々一同が警戒していると、果たせるかな今日は昨日よりも、いっそう病人の挙動が疑わしくなり、まず食物の好みの小豆飯、油揚から、次には手つき目つきや横着なそぶりとなり、こちらでも「こんちきしょう」などというまでに激昂する頃は、本人もまた堂々と何々山の稲荷だと、名を名乗るほどに進んでくるので、要するに双方の相持ちで、もしこれを精神病の一つとするならば、患者は決して病人一人ではないのだ。

芥川の実母は龍之介の生後すぐに発狂しています。したがって、狂気に関して誰よりも意識的であったに違いない芥川にとって、狂気の出自と狂気の行く先はつねに関心をもっていたはずです。

一方で、彼が生きた時代には、山からは闇が取り払われ、狂気を受け入れる場所はなくなりつつありました。さらに、狂人を見る人びとの目は、近代科学の導入によって様変わりしてしまいました。

「将来に対する唯ぼんやりした不安」と遺書に残した芥川の「不安」とは、時代の過渡期におかれた芥川の人間関係や言葉の体系からの疎外感から引き起こされたものであり、前近代と近代の境界地帯にいたからこその自殺だったのではないでしょうか。

自らが生きている時代を相対化する手段として、過去にさかのぼる系譜的な思考方法と、もう一つは異なる文化に目を向ける方法があります。

そこで、メキシコの伝統的な医術であるクランデリスモ（curanderismo）を取り上げてみようと思います。

「クラール（curar）」とはスペイン語で「治療する」を意味する言葉です。チカーノ研究者のラファエラ・カストロの説明によれば、クランデリスモは治るまでのプロセスを指し、一般には、民間療法医や呪術医という位置づけにおかれています。

特筆すべき点は、クランデリスモは、精神と身体を分けて捉えないことです。クランデーロ（クランデリスモを執り行う者）は、治療を「神」の意志との関連のなかで行い、自らは媒介者に過ぎないと考えています（Castro, Rafaela G. *Chicano Folklore: A Guide to the Folktales Traditions, Rituals and Religious Practices of Mexican Americans*. New York: Oxford University Press,

2000)。

「エル・ドン（神からの恵み）」によってクランデーロは儀式や魔術を執り行い、薬草や民間療法その他さまざまな方法を駆使します。近代医学よりもはるかに長い歴史があり、祖先崇拝やアニミズムとともに土着の呪術の影響が強く、一六世紀以降のスペイン征服後のカトリックの影響もあります。彼らは西洋の医学では認識されていない病気を治すだけではなく、心理的、精神的、身体的な病気を総合的に治していくのです。

また「パルテーラ（助産師）」も出産後にクランデリスモを使用します。重要なことは、クランデーロは、社会的、心理的、身体的なものをオーバーラップさせて治療を行うことです。

クランデーロの行為を記述した文化人類学的記述は無数にあり、ロバート・トロッターの『クランデリスモ』（Trotter, Robert T. & Chavira, Juan Antonio. *Curanderismo: Mexican American Folk Healing*. London: The University of Georgia Press, 1981）や、エリセオ・トーレスの『クランデーロ』（Torres, Eliseo. *Curandero: A Life in Mexican Folk Healing*. Albuquerque: University of New Mexico Press, 2005）は代表的な研究書です。

しかし、ここでは端的に提示するために、メキシコ系アメリカ人作家によるポストモダン小説のなかに登場するクランデーロの描写を引用してみましょう。サルバドール・プラセンシアの『紙の民』は、全体的に、画期的な小説技法を縦横無尽に仕掛ける前衛的な小説なのですが、クランデーロの場面は一転してリアリズムに裏打ちされた描写となっています。

その理由は、メキシコ系の人びとにとって、アメリカナイズされ効率化されていく社会のなかで、彼らをつなぎとめている前近代的な数々のファクターは重要な位置を占めている、と確信しているからです。彼らのアイデンティティをつなぎ止める役割を果たしているクランデリスモに対して、小説家の筆致はその行為をリアリスティックに描写しています。

クランデーロはカーテンを閉めなかった。奥では女がうつ伏せになっていて、裸の背中には血が流れ、黒い棘のかけらがついていた。クランデーロは煙でいぶしたイバラのやぶを取り上げて、その女を鞭打ち、彼女がうめき声をあげているあいだ、ラテン語の一節を静かに唱えていた。棘がすべてとれて黒い茎以外になくなると、リンピア(禊ぎの儀式)は終わった。クランデーロは血を拭きとり、水に濡れたマリファナを彼女の背中に広げた。彼女は起き上がり、座った。明るい色のメスティソの乳房と、黒いインディオの乳首が見えた。彼女はブラウスのボタンを留めて、カウンターを回って出てくると、手押し車の前でひざまずいた。スペイン語で短い祈りを唱えて、店を出ていった。イバラの傷から出る血が、白いブラウス越しに見えた。

(Plascencia, Salvador. *The People of Paper*. San Francisco: McSweeney's Books, 2005)

非科学的で非合理的で人道的にも逸脱するように見える治療方法になぜ、メキシコ系の人びとは固執するのでしょうか。その本当の理由は、同じコミュニティに帰属していない人びとには想像することしかできないのかもしれません。

民族あるいはエスニック集団とは、その規範を共有するものたちのことを指し、同じ物語を共有できなければ疎外と不安を生むような関係性のなかで成立しています。

フランスの科学哲学者、ガストン・バシュラールが言う「認識論的切断」のなかで治療という行為も考察されることができるでしょう。

したがって、私たちは心身のバランスを保つためには、共同体のいずれかの場面で、物語を語り共有するよう促されます。もちろんナラティヴは、医師が患者に語るよりも、患者自身がその物語を語り直す際に効力をもっとも発揮します。

内科の医師であり、文学博士、倫理学者でもあるリタ・シャロンは、その著書『ナラティヴ・メディスン』の冒頭で「物語を通して私たちは、自分が何者かを知るだけではなく、自分自身になるのである」（Charon, Rita. *Narrative Medicine: Honoring the Stories of Illness*. New York: Oxford University Press, 2006）と述べています。

ナラティヴがパラダイムを形成し、パラダイムがアイデンティティを規定するのです。そして、ナラティヴには、クランデーロが行使する儀式や祈りも含まれます。ナラティヴには何が含まれ、どのような効果があり、他の分野といかに接続していくのか、そのようなことがこれからますます検討されていくようになるでしょう。

近代の属性としての「効率性」の陰で反転的に生じた「闇」のなかへと、私たちはもともと携えていた視点や世界観をためらうことなく投げ捨ててきました。「西洋の衝撃」を受けるまでの日本に残されていたものは非文明的だと判断して軽んじてきたのです。

柳田国男は移ろいゆく時代のなかでそれらを丹念に記録に残しています。本書のテーマの一つであるナラティヴの構成単位である「言葉」に関してだけでも、柳田は多くの事実と考察を残しています。

それらを私なりにまとめるならば、歴史のなかで蓄積されてきた一つ一つの言葉には意味があり、人間の複雑な感情を表現するためにはそれらはすべてが必要であるということです。ゆえに、先人が創り上げた言葉を簡単に捨てるべきではなく、言葉を捨てると同時に私たちは感情もまた喪失してしまうことをあらためて知るべきです。

他者から使用するように与えられた言葉は抜け殻のようで、無機質な記号と変わりません。柳田は『国語教育への期待』のなかでこう述べています。「一度も胸の中で使って見たことのない単語が、横行闊歩している」。さらに『文化と民俗学』では「心にもないことを口にする悪癖」とも書いています。

「標準語」と呼ばれるような魂の通わない決まり文句によるナラティヴでは、河童はもう現れることはないでしょう。また、かつて私たちの祖先がもっていた感情を取り戻すこともできないでしょう。

人は感情があるから表現できるのではなく、表現できる言葉があるからそれに合わせた感情をもつことができるのです。

『口承文芸史考』で「児童には限らず、誰でも考えたり感じたりするために、入用なだけ言葉はみなもっていなければならぬ。それが足りないということは人間をぼんやりさせる」と書いた柳田国男ならばおそらく、ナラティヴの「メディスン」としての効用を生かすためには、方言をはじめとした言葉の多様性に注目するよう働きかけるはずです。そうでもしなければ、精神的な病はなくならないと断言するに違いありません。

II

「超看護」の感性

第6章

「地理的身体論」序説

この章では、地理（地図）の見方を通して、身体の捉え方を再考するきっかけを提示しようと思います。身体を見るまなざしは、国家や土地を見るまなざしとよく似ているのではないか、という問題意識です。

身体（国家）を「部分」から独立したアイデンティティと外在的に捉えるのか、あるいは、部分の関係性を通して全体を描くのか。

近代社会において、中心は首都（都会）におかれ、残りの地域はときとして歴史から消え去ります。そして、総体としては、明確な境界線によって囲まれ、固定したアイデンティティを保持しています。

そのような構図は、頭が身体を従え、排他的な境界線によって個を確立しようとする考え方に似ていると私は考えています。

本書のここまでの話を踏まえて「地名」を「病名」に置きかえて身体を読み替えることもできるかもしれません。地名は他者と認識を共有するために普遍性を装っているに過ぎません。病名もまた、とりあえずそれは何なのかを最大公約数のようにして名指しているだけでしょう。

つまり、私たちの見方次第によっては、身体を捉える既存のパラダイムは脱構築され、それによってより多くの実りを得られるのではないか、という「問い」です。そのような問いを携えて前に進めることにします。

一般的に「日本」という言葉から思い浮かべる大きな島によって成立している地域があります。それと同時に、弓なりの形状をした「島々」という視点か

らも日本を見ることができます。

そうするとすぐに、千島弧と本州弧と琉球弧の三つの弧が見えてきます。さらにそれぞれは、たとえば、琉球弧という言葉では捉えきれないさまざまな次元で島々を内部に擁しています。

「日本」という国家の歴史は、その多様な島々のなかの本州弧、そしてそのなかのある一部の地域を中心にして記述され、徐々に視点を拡大していくにつれてやがて千島弧や琉球弧のような「周辺地域」を吸収するようなかたちで言及されてきました。

「日本史」は、ある超越的な視線を想定し、どこかに焦点をおきつつその移動と拡大の軌跡、その「中心的な視点」から見た他の地域との関係性によって記述されてきました。

近代国民国家成立以前では、共同体の歴史はすべて「ある地域」の歴史でしかなかったのですが、国民国家成立以降の歴史は、無数の「ある地域」のなかの「一つの歴史」が、他の地域の歴史を「代弁する」という図式になっています。

中心をもつ国家の歴史にとっては、領域内のあらゆる地域を平等の視点によって語ろうとすることはもはや不可能です。国家はその性質上、どこかに中心をもたなければならず、すべての地域を平等にとらえることを不可能にするシステムを内包しているからです。

「言語」や「法」やその他の秩序の基準を定める中央（首都）をもたない国家は、国家を単位とした国際社会において認められることはありません。国家の意志はどこかで誰かが代表しなければならないからです。

しかし当然の帰結として、中央と周縁という構図は、強力な権力システムの秩序に収まりきらない「国民」以前の人びとを生むことになりました。そして彼らは、中央からの視点には収まりきらない、ある意味「劣等な人びと」というレッテルを貼られることになります。あるいは、異物、邪魔者です。

「日本」は、千島弧や琉球弧からの視点によって語る可能性を排除することによって成立しているとも言えるでしょう。

よっていかなる理由であれ、異なる文化・システムをもち込む人びとは忌避され、国境線の向こうにいる人びとと「国民」は明確に区別され続けなければなりません。

首都で決められた内容は地方へと伝えられ、全国の地方はそれに従い、従わない場合はペナルティを課されます。そのペナルティがあまりにも過酷な場合は、中央に対して反乱を起こすこともあるでしょう。

その構図は、頭で考えられたことを「下僕としての身体」は行動に移し、あまりにも命令の内容がひどい場合には、病気によって反乱を起こすのとよく似ています。とりわけ、精神的な失調は、頭による過度な命令に応えられなくなった「身体の抵抗」と捉えると納得がいく場合が多いのではないでしょうか。

根本にある考えとしては、「頭」が「身体」を制御するという構造から、身体が発するメッセージは一段劣ったものとして捉えられているということになります。

身体知が脳みその考えたことについていけずにはみ出してしまうものをもっている、そのことを自覚し、本当はそのはみ出す部分によって個々人は「進むべき方向」や「本来の性格」や「精神的な安定」を規定していると私は考えています。

このことを再び地理に置きかえてみるならば、戦時中に特攻隊隊長として奄美群島加計呂麻島に赴任した作家の島尾敏雄が「沖縄が日本国にはいり切れずにはみ出してしまうものをもっていることがまるで理解できないふうなのだ。ほんとうはそのはみ出す部分で沖縄は日本国の在り方に一つの黙示をつきつけているはずなのに」（島尾敏雄『新編・琉球弧の視点から』朝日新聞出版社、一九九二年）と言うときの、「日本国の在り方に」「黙示をつきつけ」るような「はみ出す部分」のことを指しています。

土地と土地は関係性のなかであるトポスを成立させ、身体の部位もまたその部位だけでは収まりきらない機能をもっています。

沖縄が日本に組み込まれたとしても、沖縄は日本を構成する「部分」として寄与しているのではないし、また、沖縄という〈場所〉が「沖縄人」、ましてや「日本人」のアイデンティティを構成する要素として利用されるべきではないでしょう。

「不要」だとされる部分を切り取ることがもたらす影響について私たちは通常想像さえもしていません。機能不全に陥った臓器などをとりあえずいらないからといってすぐに切断するようなものです。

では、国家間の「戦争」はどのような比喩で語れるでしょうか。おそらく、頭脳優位の思い込みが引き起こす他者との無用な軋轢です。国境線を可視化し強調することによって「国民（身体を支えているあらゆる部位）」をも可視化し、あらゆる人びとを無理矢理配分してゆく強力な力を発揮することが、全体のバランスを徐々に乱していくことに私たちは気づいていません。

健康な部分であるのかそうでないのかの神経症的な厳密さをもってのぞむやり方は、病人を排除し、犯罪者を監禁する近代国家の比喩のように私には見えます。健康（基準化された国民）に対する過度な欲望と強迫観念もまた、近代の産物です。完全なる健康を求めようとして私たちは翻弄されています。健康に対する強迫観念という問題もまた「超看護」の射程範囲内です。

ドイツの思想家、エルンスト・ユンガーが述べたように「大戦において勝敗を左右したのは、国家が軍事国家である度合いではなく、国家が総動員できる能力の度合いだった」（エルンスト・ユンガー「総動員」田尻三千夫訳、『現代思想』一九八一年一月号、青土社）のです。しかし、その結果、訪れた社会は人びとにとって決して幸せなものではありませんでした。

沖縄における総動員の影響は、琉球処分の断行とほぼ同じくして発令された一八七三年（明治六年）の徴兵令によってもたらされました。徴兵令の発令が「日本」への帰属を証明する役割を果たすと考えた沖縄の支配層は歓迎の意を表した反面、「日本」に精神的に同化できないゆえの徴兵忌避者は跡を絶たず、中国に逃亡するなど海外移民になる者も多数現れました。

一方、入隊した兵士たちのほとんどの動機であった「日本人として認められるため」の場としての日露戦争は、出兵した者の約一割近くが死傷するほどの犠牲者を出すことになりましたが、その代償として彼らは、日本という「想像の共同体」の一員としての「市民権」を獲得していったのです。

このことは、日系アメリカ人が太平洋戦争の勃発と同時に強制収容所に入れられ、各々がどの国家へ所属するのかを確認する契機として「戦争」を眺めたのと同じことです。

ナショナリズムは私たちが生きている「意味」を与えてくれます。いいこともあれば悪さをすることもあるでしょう。それはたとえば、身体を過剰に意識する（ときに傷つける）ことを通して「生きている」という実感を手に入れるようなものです。

結果的に、鉄条網を崖っぷちとした孤島のような一〇カ所のインターンメント・キャンプで「日系アメリカ人」は、日本人かアメリカ人かの二項対立を突きつけられました。

どちらでもないという選択肢が存在しないからには、沖縄の人びとは日本か中国へ、日系アメリカ人はアメリカか日本へと身体を弁別していかざるを得ませんでした。

このように言葉にするのはたやすいですが「自国の兵隊なのか敵兵なのかさえわからなくなるような場面に追いつめられることにもなった。それはぞっとするほどにも恐ろしいことではないか」（島尾、前掲書）というほどの、国家間のはざまにおける極限的な状況を彼らは体験してきたのです。

日系アメリカ人の作家、ジョン・オカダによる『ノー・ノー・ボーイ』のように、いずれの国家にも自らをおく場所としてふさわしいと感じることのできない者たちの、帰るべき場所、あるいは「ふるさと」は永遠に失われてしまったのでしょうか。

完全な健康体が「イデア」にしか過ぎない以上、私たちは一人一人の「健康」を見つけ出し、それと安楽な関係を保つべきでしょう。誰にでも当てはまる健康のための「基準値」などは存在しないからです。

一八八九年（明治三二年）に当山久三らの尽力によりハワイへの移民（二六人）がまじめて行われ、その後二〇世紀を迎えてすぐに、宮古島の人頭税が廃止されたのと同じ一九〇三年（明治三六年）に、詩人山之口貘は沖縄の那覇に生まれました。

「会話」という作品は「地理的な欲望」の視線が支配するオリエンタリズムに抗して語られるという意味において、国家原理の視線から免れる要素を宿しています。沖縄という島々から眺めることのできる風景のなかに、近代国家とは異なるもう一つの現実を探るための萌芽を読みとることができるのです。

それは、沖縄のような国家原理のはざまにいる者だからこそ感じとることのできた「風物」と「感覚」によって選びとられた言葉によって綴られます。

私たちが五感を通して知っている身体（ふるさと）は、他者が客観的に描いた地図（正常な値など）とは必然的に異なります。なぜならすべての人のふるさとは異なり、そして、同様の比喩として、健康のあり方は異なるからです。
「会話」を見てみましょう。

お国は？　と女が言った
さて、僕の国はどこなんだか　とにかく僕は煙草に火をつけるんだが　刺青と蛇皮線などの連想を染めて　図案のような風俗をしているあの僕の国か！
ずっとむこう

ずっとむこうとは？　と女が言った
それはずっとむこう　日本列島の南端の一寸手前なんだが　頭上に豚をのせる女がいるとか　素足で歩くとかいうような　憂鬱な方角を習慣しているあの僕の国か！
南方

南方とは？　と女が言った

南方は南方　濃藍の海に住んでいるあの常夏の地帯　竜舌蘭と梯梧と阿旦とパパイヤなどの植物達が　白い季節を被って寄り添うているんだが　あれは日本人ではないとか　日本語は通じるかなどと話し合いながら　世間の既成概念達が寄留するあの僕の国か！

亜熱帯

アネッタイ！　と女は言った

亜熱帯なんだが　僕の女よ　眼の前に見える亜熱帯が見えないのか！　この僕のように　日本語の通じる日本人が　即ち亜熱帯に生れた僕らなんだと僕はおもうんだが酋長だの土人だの唐手だの泡盛だのの同義語でも眺めるかのように　世間の偏見達が眺めるあの僕の国か！

赤道直下のあの近所

（『山之口貘詩集』岩波書店、二〇一六年）

「ふるさと」は元来「日本」や「沖縄県」のような国家原理によって構成された地理学に束縛されるものではありません。「私」のふるさとは私だけのものです。

私の身体が私だけのものであるように。

しかし知らず知らずのうちに、私たちは「会話」のなかの「女」の視点からものごとを見るように強いられています。

坂口安吾の考えていた「ふるさと」もまた同じ問題意識を抱えています。「私たちは日本を発見するまでもなく、日本人なのだ」（『日本文化私観』）という意味において、よそ者の「女」はブルーノ・タウト（ドイツ人の建築家で、日本に三年半滞在）のように日本を知りたがります。

安吾が「僕は日本を〈発見〉する必要だけはなかった」という言葉に反するようにして、私たちは身近にある「ふるさと」をどこか特定の場所に限定し地図上に付置し特権化し勝手に特別の思い入れをもってしまいます。

それでは、どこに「ふるさと」や心の平安はあるのでしょうか。

「刺青」や「蛇皮線」のような具体的な「物」に、山之口は特別の思いを寄せます。

世界地図の上に小さく書かれた「日本」や「沖縄」のような地名を、直接ふるさとに結びつけるようなやり方は、近代以降の帝国主義的な地図認識の下での機械的な作業に過ぎません。

たとえば「誰か他の人」が用意してくれた場所としての病院よりも自分のうちという「ふるさと」で死にたいと思う気持ちは、よく考えると、なかなか複雑なものがあります。

看護師が在宅で看取る際に考慮すべきは、その人を取り巻いている「物」と、そこから醸し出される「もの」によって五感にもたらしてくれる、その人だけの独自の空間のアウラ（空気）です。

山之口が「ずっとむこう」としか応えられなかったのは、感覚によって成立しているその人だけの「ふるさと」だからです。

さらに考慮すべきは、たとえ生まれた土地に一生暮らす者にとっても「ふるさとは遠きにありて思ふもの」（室生犀星）でしょう。時間的に日々「ある土地」の「ある状態」から遠ざからなければならない私たちにとって、ふるさとは必然的に想像上のトポスという性格をもたざるを得ません。

安吾が示唆しているように、地理的に束縛された特定の共同性のなかにはけっして「ふるさと」と呼べる総体はないのです。

「僕の国」は遍在しているのです。

「頭上に豚をのせる女がいるとか　素足で歩くとかいうような　憂鬱な方角を習慣」するとは、地理的な束縛感とは無縁の、具体的な現実なのです。具体的な現実の根底にあるのは、自然そのものの風景と、そこから得られる感覚です。

「日本人ではないとか　日本語は通じるか」などと国家原理の枠組みのなかでの差異によって明らかになるようなものではありません。

ある「地名（病名）」を媒介にしてしか「ふるさと（身体）」を実感できないのなら、その人は国家原理によってふるさとの土地を束縛してしまっています。

「世間の既成概念達」のような感覚こそが私たちの自由な精神の飛翔を妨げるのです。身の回りに「ふるさと」があるように「異国」もあります。

ここでの「アネツタイ」という言葉は、すでに地図上のどの場所も指し示してはいません。「眼の前に見える亜熱帯」という言葉によって、沖縄という地図上の島をその次元から解き放ち、個々人のなかに存在する「ふるさと」として捉えなおしています。

「世間の偏見達」は、現実の差異を進め、認識の基盤になりすましていますが、

「僕の国」を見つけることはできないはずです。

国民国家の領土が隙間なく地上を分配してしまった後に残された、沖縄のようなおのずから拡散してしまうトポスから発信された言葉は、自分という位置からしか語ることができない山之口のような稀有な詩人を生んだのでした。島尾の言葉では次のようになります。

奄美と言われてもただちに自分の島がそれだと結びつかない島も少なくないのだし、では次に島々の中で一番面積の大きな島をどう呼んでよいかとなっても、大島とか大島本島または奄美大島などとさまざまに言われてきて、なおも安定した呼び方が定まっているわけではない。名称ひとつとってみても島は実につかまえにくい。

（島尾、前掲書）

ある言葉はかならず中心をもとうとしますが、中心から外れた要素もかならず含んでいます。そして中心からはずれた要素はもう一つの言葉に転嫁する機会を待っています。

「日本」が千島弧や琉球弧などさまざまなレベルを統括する名称として機能しているように「沖縄」はその他の島々を含む名称として機能しているのです。

つまり、ある名称によって指定された地域は一様ではないということです。「ずっとむこう」「南方」「アネツタイ」「赤道直下」にそれぞれ「琉球」「流求」、「琉求」「瑠求」「阿児奈波」「悪鬼納」「おきなわ」「オキナワ」「沖縄」はあります。

領域内にそれぞれは並立しており、また領域外にも存在しているとしたら、ふるさとは「ここ」にあると同時に「ここからずっとむこう」とか「南の方」とか呼ぶしかありません。

山之口の精一杯の言い方が「赤道直下」でした。自分の目から離れてできるだけ客観的になろうとして言い放った言葉は、誰かが口にした途端に普遍的な意味をまとうようになります。

「眼の前に見える亜熱帯」は日本へも北極へでもどこでも行けます。「世間の偏見達」は「酋長」や「土人」をどこかに押し込めて、自分たちとの差異をはかろうとします。それは即ち、他者をある場所に閉じこめる方法でもあります。

並びつづいた多数の島嶼。

私たちは雲上遥かな高所から海や陸や島々などを一眸のうちに眺め尽くすことはできない。しかし私たちは小学校教育以来地理付図や色々な地図の類を見なれて来て、自分の住んでいる日本国の格好を頭の中に描くことができる。あたかも天界からの俯瞰が可能ででもあるかのように。

（島尾、前掲書）

私たちは地図という道具によって、「天界」から土地と土地の関係を俯瞰する位置に立つことができるようになり、それらの関係を自分の意志で操作できるかのような錯覚に陥ってしまいます。

神の視線を手に入れた私たちはまた、テクノロジーをもって人間の身体の「すべて」を把握したと錯覚しています。重要なことなので、もう一度述べますが、テクノロジーは看護の味方であって敵ではありません。テクノロジーに任すことのできる対象を特定することによって、その残余としての「超看護」が浮き彫りになるからです。

一度も訪れたこともなく自分の目で眺めたことのない海岸線や島の形を、地図によってあらかじめ想像し、その後それらをただ確認するために訪れるというようなことを日常的に私たちは行っています。引いては、その土地に住む人びとを、地図上の操作を通して、我が同朋とさえ感じることができるようになっています。

しかし、私たちは毎日の生活を、地図を見るような見方で生きているわけではありません。だから、地図の視線は非日常的で特権的な行為です。その力は「天界」から無遠慮に国境線を引き、人間の住居する場所を区画するという暴力的な装置と化すことさえあります。

山之口の詩の「女」のようにして、私たちは地図の視線を借りて人びとを囲い込むことによって自らの安心を得ることができるのかもしれませんが、現実は、身の回りのさまざまなモニュメントや民芸品や大量生産物のそれぞれのストーリーを通して、土地と接続し関係性を維持していると言った方がふさわしいでしょう。

私たちの歴史（時間）と土地（空間）と文化に対する考え方を変えていくための

方法論は、島尾が那覇の町について描写した次のような文章にも、そのヒントが隠されています。

私の胸の中の那覇の町は、それぞれが地蜘蛛の巣のように行き止まり、しかしその内部は毛細管の先端に似た、容易に窺いにくい有機的な営みを活発に営みをつづける宇宙を、いくつもいくつも抱え持った迷宮的幻想都市の現前である。その小宇宙はいずれも複雑な、しかしのびやかな丘を地盤として、というよりその丘に抱かれるように発達しているが、それぞれの丘のあいだでは必ずしも地形的なつながりは持たされていないのだ。（同書）

地図を通して那覇を見るのではなく、まず「胸の中」に那覇の町を入れてしまってから彼は考えます。そこには、地図を見るだけではうかがいしることのできない複雑な「迷宮」が「幻想」のように身体感覚を通して浮上します。

那覇の町並みに託して語られた内容は、島尾の空間的のみならず時間的な認識方法のメタファーです。「丘」に抱かれながら「発達」している「小宇宙」は、島々の関係性のなかで育まれる共同性ですが、島々はお互いに「地形的」に関係をもっていないかのようにして存在しています。

それぞれが独立性を保ちながら、かつその「あいだ」で共同性を作ることができるような発想を、具体的な那覇の町を通して私たちは透視することができるのです。

地図の視線と現実の生活感覚の幸福な組み合わせを、私たちはあらゆる現実的・神話的な〈場所〉から解釈し直していかなければならないでしょう。

私たちが地理や、あるいは歴史、そして身体における健康や病気、それらを「正しく」理解しているというその方法は、じつは、この時代における特有の方法なのかもしれないという「疑問」を投げかけてみる必要があります。

そのことについて考える糸口は、あらゆるところに隠されています。それだからこそ「超看護」の地平は広大だと言えます。いまあるものを絶対とせずに思考し続けていく態度、それが現代ほど求められている時代はないと思うのです。

第7章

「闇」が教えてくれる世界

二項対立のどちらにも当てはまる（当てはまらない）ものを見えなくしてしまった「近代」の特徴についておもに「沖縄の文学」を中心に考えてみます。

前近代と近代の良いところをいまに生かしていこうとするときの「葛藤」を乗り越えるためにはどうすればいいのか、についてのヒントを探ろうとするものです。

いつしか私たちの目の前から見えなくなってしまったものは、多くの場合「闇」と呼ばれてきたことは、これまでも何度か述べてきました。

民俗学者の折口信夫は「常夜経く国、闇かき昏す恐ろしい神の国」（折口信夫『古代研究Ⅰ』角川書店、一九七四年）と「闇」について触れています。闇の国である「常世」は「時間はもとより、空間を測る目安も違う」世界、「異郷趣味（えきぞちしずむ）」をかきたてる世界だと彼は説明しています。

つまり、折口は「闇」を、普遍性を標榜する近代的な時空間の尺度がうしなわれ、異質な他者への興味がかりたてられる場所と捉えている、と言い換えることができるでしょう。

土地土地によって、そして、個々人によって基準とする「生き方」は多様であるのに対して、それを一つの画一的な見方で語ることは欺瞞である、と読みとることができます。

自己と他者、我が国と彼の国のあいだに引かれてしまった、明確で排他的で面積のない境界線をふたたび捉え直すならば、そこにこそ「超看護」が入り込むべき空間があると私は考えています。

折口の文のなかに出てくる「えきぞちしずむ（エグゾティスム）」については、一九世紀と二〇世紀のはざまを生きたフランスの詩人で船医でもあるヴィクトル・セガレンはこう述べています。

エグゾティスムは順応することではない。つまり、人が自分の裡に抱きしめていたものが自分自身の外にあるということを完璧に理解することなのではなく、永久に理解不可能なものがあるということを鋭く直接に知覚することなのである。

（ヴィクトル・セガレン『〈エグゾティスム〉に関する試論／羈旅』木下誠訳、現代企画室、一九九五年）

セガレンは「闇」を、他者性が抱えている「理解不可能」なトポスを表現するための隠喩であるとし、こちらの尺度を安易に他者に適用することをいましめながらも、他のところでは「魅惑」をも感じ取っています。

そのような、自己であり他者、他者であり自己であることが許される場所では、もはや従来の感性や知識は通用しません。

もう一つ例を挙げるならば、たとえば、メキシコとアメリカのどちらの国家にも自分を重ねあわせることができない存在として「メキシコ系アメリカ人」がいます。彼らは、国家と国家のあいだの「闇」に存在していると言えます。

なぜなら、国家は排他的な境界線によって明確に分断されているにもかかわらず、メキシコ系アメリカ人は心情的にはそのどちらにも所属していない（所属している）からです。

メキシコ系アメリカ人の作家であり詩人のジミー・サンティアゴ・バカは「私たちは他の多くの文化と同じように、暗闇を失ってはいない。この暗闇という場所において私たちは、自らをチカーノと名づける」（Baca, Jimmy Santiago. *Working in the Dark: Reflections of a Poet of the Barrio*, Santa Fe: Red Crane Books, 1992）と宣言しています。

彼らはあえて「チカーノ」という固有名詞を自らにあてがうことによって存在のあり方を特権化し、それによって、この言葉は、世界中の「ボーダーランズ」を生きる者の代名詞となりつつあります。

一方、近代社会にもういちど目を移せば、個々人のあいだの境界線には闇は存在せず、同じように、国境地帯にも闇は存在しないものとされているので、自己と他者のあいだに曖昧な部分はなく切断され、また、人はどこかの国家にかならず所属しなければなりません。

そのため、自己と他者、あるいは自国と他国は重なりあう部分をもたず、国境線を往還するチカーノは、そのような近代的な国家原理に反する存在としてアメリカ合衆国という国家から否定されるのです。

アメリカから日本に舞台を変えてみます。東アジアの歴史において、中国と日本のはざまにおかれ続けてきた琉球弧の作家、崎山多美も「闇」をしばしば比喩に用いた作家です。

ここからは、崎山の言葉を借りながら「闇」「前近代」「ボーダーランズ」「超看護」とはどのようなものなのかについてさらに見ていきます。

琉球弧のなかでもほぼ西端に位置する西表島出身の崎山は、幾度となく小説世界の物語を「闇」のなかで進行させてきました。その理由を崎山自身は、島における自らの過去を振り返りながら次のように述べています。

私が闇に寄り添うのは、南島に降り注ぐ烈しく眩しい陽光を嫌悪するという歪んだ感覚の、たんなる反動行為にすぎない。ひねくれのようだが、明るくさんざめく太陽がきらいなのだ。もののかたちがむきだしに輪郭を露わにするとき、かえって何も視えなくなってしまうと感じる自分の、現実への目の弱さを見せつけられるからでもある。闇を、得体の知れぬ不可視なものと感じていた心の裏に、あの頃の私は闇へのあこがれといとおしさを強く抱いていたようにも思う。あの闇を、私は自分自身だと感じていたのかもしれない。それにしても、闇に親しむ自分と光を嫌う自分はどちらが先にあったのか。

（崎山多美『南島小景』砂子屋書房、一九九六年）

白日の下に照らし出すことによってかえって何かを隠蔽してしまうという彼女の逆説は、あらゆるものを分類できるとする近代的な秩序の裏側に潜んでいる「闇」を感覚的に把捉（はそく）しています。

数値や言葉に置き換えることができないもの、身体の内の感覚の段階にあるものを、とりあえず「闇」のなかに押し込め、無きものとしてきた社会に彼女は安住することができません。崎山が嫌悪しているぎらぎらとした陽光（近代のまなざし）は、闇の世界を忘却の彼方に追いやってしまうと感じられるのでしょう。

闇の存在を可視化できるのはおそらく、ゆらゆらとした火の放つともしびではないでしょうか。このように比喩や擬音語や擬態語で語ることの意義もまた「超看護」ではとくに重視します。

日常的に使用する言葉では表すことのできない世界をも注視しようとする「超看護師」は、それをいかにして言葉に表現し、他者と共有し、「回復過程」へとつなげるかを問題意識としているからです。

火がつくりだす「闇」との曖昧な境界線は、私たちに可視と不可視の境界地帯の存在を教えてくれます。谷崎潤一郎が「〔障子の〕ほのじろい紙の反射が、床の間の濃い闇を追い払うには力が足りず、却って闇に弾ね返されながら、明暗の区別のつかぬ昏迷の世界を現じつつある」（『陰翳礼讃』）と書くような、明と暗の境界線は、近代が想定する人工的な線分とは大きく異なっています。

すべてを二項対立に還元してしまう排他的な境界線とは異なる、ある空間を境界線上に宿しているのです。

このような火の原初的な体験を通して精神分析を語ろうとしたのは、ガストン・バシュラールでした。彼は『火の精神分析』で「火の観想はわれわれを哲学的思考の根源そのものへと導く」（G・バシュラール『火の精神分析』前田耕作訳、せりか書房、一九六九年）と述べ、意識とともに無意識を、客観とともに主観を、実験とともに夢想をとりいれた反近代的な方法に着目しました。それによって、意識と客観と実験にかたよることからもたらされる「認識論的障害」を除去することができると考えたのです。

「意識」が「実験」をくりかえすことによって到達できるとされる「客観性」に重きをおく近代的な論理ではない、「無意識」と「主観」と「夢想」を重視した反近代的な方法とは、たとえば崎山の小説において島がたびたび「シマ」と書かれて「透明性」を帯びることからもうかがい知ることができます。

島をあえて「シマ」と書くのには、じつはワケがある。十四年間をそこで暮らしたことがあるとはいえ、離れてしまった以上西表島はもう私の生活の場ではない。島にとっても私はすでに余所者なのだ。〔……〕島を自分のものとして実感することが現在の私の生活になくなってしまった以上、私にとっての島は現実の島の向こうにあるシマでなければならなくなったのだ。

（崎山、前掲書）

「透明性」について、カリブ海の詩人エドゥアール・グリッサンは「多様性を守るもののことを私たちは〈不透明性〉と呼び、関係の想像力のことを〈透明性〉と呼ぶ」（Glissant, Edouard. *Poetics of Relation*. Translated by Besty Wing, The University of Michigan Press, 1997）と述べています。

つまり、個別の「〜島」という名称を通してそれを見るとき、私たちは外部からのさまざまな意味づけに翻弄されて、個々人しかもち得ない風景を捨て去るようにしむけられます。それが不透明性です。

それぞれの「島」の特殊性を守ることは多様性であるとともに不透明性であり、ある関係性のなかに浮かび上がる固有の「シマ」を浮上させることは透明性につながるのです。それは島の名前だけではなく、他の共同体や土地に関しても敷衍（ふえん）して語ることができるでしょう。

不透明性のなかで秩序を維持しているとする錯覚は、近代を成立させている基盤です。しかし、「超看護」の視点から考え、透明性という発想から看護を捉え直すことはできないでしょうか。

言語や慣習などにおいて慣れ親しんだ土地にいる者は、境界線を隔てた向こう側に誰かの故郷が存在することを確信することができますが、それは意識的、客観的、実験的に自己に照らし合わせて想定しているにすぎません。

じつのところ私たちは、境界線や国境線の向こう側に存在するであろう誰かにとっての慣れ親しんだ空間を、無意識的、主観的、夢想的にしか知覚することはできないのです。それは個々人の関係に置き換えても同じことですし、身体に置きかえても同様です。

この世界には、一人一人の祖国や故郷にたいする独自の空間の認識しか存在しません。国民として総括できるような客観的な祖国は、他者からそう思いこまされない限りどこにも存在しないのです。

近代的な国境線の向こう側にあるとされる異国は、認識不可能な「闇」でしかありません。日本で生まれ育った者にとってのアメリカと、メキシコで生まれ育った者にとってのアメリカと、そしてアメリカ合衆国で生まれ育った者にとってのアメリカは、認識上では同一の対象物を指すことはありえません。

客観的に「アメリカ」としてあたかも周知のごとく通用させることはできますが、それは仮構された空間を実際に存在するものとする「国家原理のルール」にしたがっているにすぎません。

私たちは元来、自分だけの風景と、そこではぐくまれた個々の記憶と、それを維持している独自の言葉をもっているはずです。

人びとが抱いている多様な故郷の風景を、地図のなかの客観的な地名にすべて包含させようとする力が近代社会には働いているようです。

個々人の体験から導き出された主観を通してではなく、直線的な歴史観と排他的な地理観によって張り巡らされた認識の網の目を、私たちはあたかも自らが選びとったかのようにして受け入れてしまっているのではないでしょうか。

崎山は、彼女の主観によって培われた風景と記憶と言葉を通して「闇」のなかからその都度浮かび上がる共同性（シマ）を描写します。

夕闇から聞こえてくる海の音を介して世界とつながろうとする崎山の描写から、シマという共同性とは何かをかいま見ることができます。

☆

学校へ上がったばかりと思われる頃、昼の間一緒に遊びまわった子供たちがそれぞれの家に帰ってしまった夕刻、夕闇が迫るのにまだ家路に向かう気になれない私は、がじゅまるの窪みに座って時間を潰した。そこから海は雑木に遮られて直接には見えなかったが、海の音だけは蠢くように聞こえた。その場所では世界の音の全てが自分に向かって鳴り続けている、と感じられた。広く開けた場所よりも、地を掘り下げた小さな空間の窪みに籠ることの方が世界を感知できる。そんな逆さの言説としばらくは見合っていたいと思う。

（同書）

「夕闇」「がじゅまるの窪み」「海の音」等の言葉は、坂口安吾の「ふるさと」を体現する言葉でもあります。安吾の「石の思い」には「私のふるさとの家は空と、海と、砂と、松林であった。そして吹く風であり、風の音であった」とあります。

両者にとって「ふるさと」をたどるための要素は、日本のどこかの典型的な故郷の景色にあるのではなく、目を閉じて寝転がった海辺に届く「風」に乗って聞こえてくる「音」のなかにあります。

私が言いたいのは、病院のベッドではなく自宅で静養し最期を迎えることを本人は希望している、というときの「本人の思い」とは、この「ふるさと」を想起させる「関係の想像力」を視野に入れなければ、患者の真の思いにたどり着くことができないのではないか、ということです。すべての「五感」を使う看護では、手触り、匂い、音を重視します。

崎山の小説のなかでも「どうやら私は親しい音を喪うことへの不安が人一倍強いようなのだ」（同書）という「音」に対する潜在意識からの欲望を示唆する場面は何度も現れます。

真夜中に電話の向こうから聞こえてくる、シマコトバから標準語までを操る声が、徐々に「闇」のなかに実体として姿を現し始める「ムイアニ由来記」（崎山多美『ムイアニ由来記』砂子屋書房、一九九九年）もそうです。

デカルト的遠近法に基づく視覚への信頼によって成立している世界においては、視覚以外の知覚（聴覚など）は軽視される傾向にあることを、ここで思い起こすことができます。

さらに、安吾が「文学のふるさと」を想起する際に生じる「せつなさ」も、崎山と安吾に共通している感情です。崎山の「ムイアニ由来記」は、闇の向こうからの音を介して伝わってくる場面が延々と続き、最後に「せつなさ」の感情を通して「闇」と次のように交流するのです。

「遠くせつないものが甦る。こよなくいとおしいものに対面するため、樹間の闇を駆けた。すると一歩ごとに身体に絡まってくる闇の膜が一枚いちまい剥がれるのだった」（崎山、前掲書）。崎山のこの「せつなさ」の感覚とともに剥がされた「闇の膜」の向こう側の世界を安吾は透視したうえで「従来の共同性から出ること」と

『堕落論』で唱道していました。

「水上往還」で「闇が薄く剥がれた空間」（崎山多美「水上往還」『くりかえしがえし』砂子屋書房、一九九四年）とも書いていた崎山にとって、その共同性の外は「一個の影と、大地の闇との一体化」（崎山『南島小景』）した、主観と客観の融合するエグゾティスムの闇です。

「西表島」のような客観的な地名を媒介にして土地との関係をもつという思考方法に私たちは慣らされているために、場所と一体化するような主観的な実感をともなった土地を思い起こすことができないでいます。

日本を表象することを目的とした絵はがきに写された風景は、国家によって創造された誰かの故郷でしかありません。「富士山」は日本に暮らすほとんどの「日本人」にとって記号以上のものではないでしょう。

目を閉じて暗闇のなかから浮き上がってくる自分だけのふるさととは、たとえば、同じ琉球弧からの詩人である山之口貘が選びとったような多くの「もの」（刺青、蛇皮線、竜舌蘭、梯梧、阿旦、パパイヤ（「会話」より））が喚起する想像力のなかにあります。

在宅で亡くなることの「意味」の中心は、慣れ親しんだ布団や枕であり、使い慣れた茶碗や箸であり、自宅が醸し出す匂いであり、テーブルに手を置いたときの手触りです。

ボーダーランズにおかれた沖縄の作家たちはとくに、いま私が述べたような感性を当たり前のように作品のなかに取り込みます。『火の闇』という著書をもつ小浜清志の「三線（さんしん）」についての語りのなかにも、同種の問題意識をうかがい知ることができます。

「僕の作品には必ず三線が出てきます。それは僕にとって大事な土着の象徴でもあります。三線という言葉から、実にさまざまな場面や人物が甦ってきます。〔……〕すべて三線を媒介として、島を培ってきた空気とつながっているように思える」（小浜清志「沖縄――文学の鉱脈」『文学界』一九九七年四月号）という感性のことです。

西表島を一四歳のときに出てから三回しか戻ったことがないという崎山にとってのふるさとも、地名から引き出される誰かの情報というよりは、かつて自らが実感をともなって接した「もの」の喚起する手触りとともにありました。

島言葉の訛り。波のうねり。潮の香。三味やドラや笛の音。灼けつく陽差し。果てなしの空。それらのせつなさとうっとうしさに自分の正体を嗅ぎとり、島の背後に祖母の暗い目を感じていたのだった。

（崎山多美「シマ籠る」『くりかえしがえし』）

安吾が「物自体が詩であるときに、初めて詩のイノチがありうる」（『恋愛論』）と言ったような、空間の認識を物質から感じとるための方法としての「物質的想像力」について、『火の精神分析』の作者バシュラールは次のように説明しています。

故郷というものは「空間」の広がりというより物質だ、つまりは花崗岩あるいは土、風あるいは乾燥、水あるいは光なのである。そのなかにおいてのみわれわれはおのれの夢想を物質化し、それによってのみわれわれの夢はおのれに適した実体を捉えるのであり、われわれの根本的色彩を要求するのはそれに向かってなのである。川のほとりで夢見つつ、水に、青々として明るく、牧場を緑に染める水に、私の想像力を捧げるのである。（G・バシュラール『水と夢』小浜俊郎・桜木泰行訳、国文社、一九六九年）

物質そのものがもつ流れに言葉を乗せることによって、言葉は詩的言語となり、あるイメージをつかみ出すことができます。「物質的想像力」の発するイメージをなぞることによって、詩的言語という共通の場をもつことが可能になるのです。

このような言語上の共通の場をつくりあげることは、かつて住んでいた土地を離れて暮らす人びとにとっては特別なことではありません。時間的かつ空間的に距離をおいた土地とは、こちらから向こう側への問いかけの反射によって成立しているという意味において、想像上のトポスの性格を帯びはじめるからです。

私たちが「いま」おかれている場所からの問いかけ方によって、闇のなかに浮かぶシマの共同性はそのたびに異なった姿を見せます。

その際に「もの」自体がもっている力を媒介とした言葉によってつくられる物語や祭祀が、共同性を形づくるための特別な役割をになっています。

つまり、外部からの客観的で固定的な土地への意味づけではなく、個々の主観的な問いかけを通した可変的な関係性が、共同性の性格を随時決定しているのです。

しかも共同性と離れながら関係性を築いている人びとは、彼ら自身も他者にとっては関係性を構成する要素として組みこまれていますから、主体はいつでも客体と入れ替わる存在です。崎山の言葉を借りるならば「あの闇を、私は自分自身だと感じていたのかもしれない」（崎山『南島小景』）という、共同性と溶融する一体感です。

一方、パノラマを見るような、自他を分ける固定した視線は、西洋における帝国主義的な視線の獲得に大いに影響を受けています。

イギリスの小説家、ジョゼフ・コンラッドによって一九世紀の最後に書かれた『闇の奥』では、主人公のマーロウは西洋のもつ固定的な視線を携えて未開の闇を進んでいきます。

早くからコンラッドに着目していたエドワード・サイードは、境界地帯から描写することのできたこの作品の闇（暗黒）のもつ独自の価値を次のように評価しています。

クルツとマーロウ（そしてむろんコンラッドも）は、彼らが「暗黒」と呼ぶものに、それ独自の自律性があること、この「暗黒」は帝国主義がみずからのものとして領有したものを、再度侵犯し所有権を主張することもあること、これを理解していた点において、時代に先駆けていた。

（E・W・サイード『文化と帝国主義』大橋洋一訳、みすず書房、一九九八年）

たしかに彼らは闇のもつ「自律性」に気づいていました。しかし結局、帝国主義的な視線の所有者であるマーロウは闇に光をあてるどころか、闇のもつ独自の文法にからめとられながら、物語の最後ではイングランド自身が「闇の奥」に包まれることになるのです。

あるいは、帝国主義への途上に書かれたという時代の条件が、闇を奇跡的に闇として知覚できたのかもしれません。

闇を遠ざけることによって西洋は近代社会への道を進んでいき、国家原理が支配している法則を徹底させていったのです。それについて、アメリカの比較政治学者、ベネディクト・アンダーソンの有名な著書から引用しておきましょう。

〔「人口調査」や「地図」や「博物館」は〕相互に関連することにより、後期植民地国家がその領域について考える、その考え方を照らし出す。この考え方の縦糸をなしているのは、すべてをトータルに捉え分類する格子（グリッド）であり、これは果てしない融通さをもって、国家が現に支配しているか、支配することを考えているものすべて、つまり、住民、地域、宗教、言語、産物、遺跡、等々に適用できる。そしてこの格子の効果はいつでも、いかなるものについても、これはこれであって、あれではない、これはここに属するものであって、あそこに属するものではない、と言えることにある。それは境界が截然と区切られ、限定され、したがって、原則として数えることができる。

（ベネディクト・アンダーソン『増補　想像の共同体』白石さや・白石隆訳、NTT出版、一九九七年）

闇を捨てさった人びとにとって、闇の世界とは小説家や詩人らの想像力が書きしるした単なる空想上の世界のことでしかなくなっていきます。

「近代」看護においても、学ぶべき対象としての「小説」という発想はもち得ないままでいます。小説は娯楽のためのただのフィクションとしてしか捉えられず、看護とは無縁のものとして遠ざけられるでしょう。「超看護」では「人間とは何か」を探求する学問がもたらしてくれるすべての叡智に目を向けようとします。

さて、崎山は小説の闇のなかに近代社会を埋没させていきながら、シマという共同性を浮上させます。そこでは空間は伸び縮みし、シマウタが風とともに物語（情報）を運び、自己は他者と入れ替わります。いや、自己は他者と入れ替わるだけではありません。そこではシマ自体も個々の存在と等価なものになります。「逆さになってしまったのだ。見る側と見られる側の位置が。島の目に私のほうが捉えられてしまった」（崎山多美「風水譚」『へるめす』岩波書店、一九九七年一月号）という認識のあり方です。闇の世界においては、自己が他者やシマや共同性と入れ替わることができます。

伸縮自在な共同性に流れる時間は、ある統一的な普遍性をもつ時間ではありません。また直線的な時間ではなく、何度も同じところを差異をともなって反復する砂時計の時間、または螺旋状の時間です。

物質や言葉や物語は想像上のふるさとを「くりかえしがえし」人びとの意識に浮上させ、集団的な記憶の共同性を構成してゆきます。

物質の材料や形状の固有性は物質的想像力を人びとに喚起し、エリアーデが「ヒエロファニー（聖なるものの顕現）」と呼んだような始源的な状況へと向かわせ、共同性は価値を回復し何度も生まれ変わります。

何度も伝承される神話や、繰り返し執り行われる儀式に関してエリアーデは「一定の規範的なわざを意識的に繰り返すということは、一つの基本的な存在論を示す」と述べたことはすでに触れました。

いつか通ってきた出来事のくりかえしではなく、新たに歴史的出来事を生み出してゆくことができると信じている近代人にとって、永遠に回帰するシマの共同性の世界は想像さえできません。

たとえば「オキナワの少年」（東峰夫『オキナワの少年』文藝春秋、一九七二年）の主人公つねよしは、永遠回帰の世界を体現している一人です。彼は「ここではないどこか」へ行こうとし続けるのですが、日常生活において、目的をもった改革や上昇の素振りを見せません。同じ作者の「ちゅらかあぎ」の主人公の常夫も、日雇い労働を続けながら気ままに図書館などに通うだけです。

　両者とも近代的な進歩への欲望を喪失しているのです。彼らは、東京に移り住み困窮生活のなかで小説を書き続けている作者の分身であり、大城立裕についで沖縄から芥川賞を受賞した東峰夫の分身です。

　すでにエリアーデの考え方を通過している私たちには、この「オキナワの少年」を評して鈴木次郎が「世俗的には社会的〈上昇〉として直線的に解決されるアイデンティティの救いが、東峰夫の小説にはまったくない。むしろあらゆる行為が〈出発〉から〈出発〉へ帰着する反復行為の繰り返しである」（鈴木次郎「オキナワ的な、あまりにオキナワ的な――東峰夫の『方法』」『沖縄文芸年鑑』沖縄タイムス社、一九九八年）と書いていることに得心がいくでしょう。

　鈴木はまた「〔東峰夫は〕沖縄の闇を逆説的に抉りだしえた。〔……〕沖縄の闇は亜熱帯の樹木の葉裏にも、自己の深層にも潜在する闇だ」と、闇について言及しています。反復行為を通じて構築しようとした世界が、ここでもまた闇を可視化させているのです。

人間の内部と外部にひろがる闇のなかから、国家ではなくシマの共同性を浮かび上がらせるには、数値や言葉を利用して何かのために利用しようとする他者の思惑から自由になる必要があります。

そのような他者の思惑や視線から自由になるためには、個々の場所から生まれる必然的な動機によって共同性を支えなければなりません。

このような「必要」という動機によって作られた風景を愛した岡本太郎が、琉球の風物に触れたときに、次のように書いていたことは興味深いものがあります。

人間、石垣、籠、船と区別なく並べ立てたが、決して奇妙ではない。すべてがこの天地に息づく実存の多面性としてある。同価値であり、同質のエキスプレッションである。これらすべては美しい。意識された美、美のための美ではもちろんない。生活の必要からのぎりぎりのライン。つまりそれ以上でもなければ以下でもない必

然の中で、繰り返し繰り返され、浮かび出たものである。

(岡本太郎「何もないことの眩暈」『叢書　わが沖縄（一）』谷川健一編、木耳社、一九七〇年)

坂口安吾も同様のことを述べています。

美しく見せるための一行があってはならぬ。美は、特に美を意識して成された所からは生れてこない。どうしても書かねばならぬこと、書く必要のあること、ただ、そのやむべからざる必要にのみ応じて、書きつくされなければならぬ。ただ「必要」であり、一も二も百も、終始一貫ただ「必要」のみ。そうして、この「やむべからざる実質」がもとめた所の独自の形態が、美を生むのだ。

(『日本文化私観』)

人間と「もの」を「同質」と捉え、それらのもつ「必要」からの美を唱え、それらは「繰り返し繰り返され」浮上するのだという感性に導かれて、岡本は『沖縄文化論』(中央公論社、一九九六年)を著しました。

そこで「人間生命の、ぎりぎりの美しさ」「ぎりぎりのせつなさ」を説いた岡本は、沖縄への旅行において「私を最も感動させたものは、意外にも、まったく何の実体も持っていない――といって差し支えない、御嶽だった」と述べ、「何もないところに、実は沖縄文化論のポイントがある」と語っていました。

木々の作り出す闇に包まれた御嶽（うたき）の空間に、目を見張るような建造物などがないからといってそれを打ち捨ててしまうような貧弱な感性を、崎山と同様に岡本も安吾も嫌悪していたのです。

> 御嶽拝所はその出発点において、遥拝の思想から出ていることが考えられる。海岸あるいは、島の村々では、その村から離れた海上の小島をば、神のいる所として遥拝する。〔……〕香炉をもって神の存在を示すものと考え出してからは、元来あったおとおしの信仰が、自在に行われるようになった。女の旅行者あるいは、他国に移住する者は、かならず香炉を分けて携えて行く。しかも、その香炉自体を拝むのではなく、香炉を通じて、郷家の神を遥拝する。
>
> （折口、前掲書）

香炉という「もの」が、御嶽という場所になり、また神への通路となります。

単に「形がない」ということだけで、現実と非現実とが区別せられて堪まろうものではないのだ。「感じる」ということ、感じられる世界の実在すること、そして、感じられるという世界が私たちにとってこれほども強い現実であること、ここに実感を持つことのできない人びとは、芸術のスペシアリテの中へ大胆な足を踏み入れてはならない。

（坂口安吾「ＦＡＲＣＥに就て」）

何もない場所において私たちを結びつける共同性を作るということは、石垣や蛇皮線などの「物質」や「建築物」や「自然」や「イデオロギー」へとただ集合することではありません。「いま、ここ」において共同性へと帰る過程のなかにこそ、起源の土地はそのつど浮上するのです。

そもそも、あらゆる場所から時間的にも空間的にも刻々と離れつつある社会に生活する私たちにとって、地球上に他者と共有できる客観的な唯一無二の土地などもはやどこにも存在しません。

したがって、闇を見つけられる場所を探すというよりも、闇を可視化させるための方法論の方がはるかに重要です。

幼児の頃、シマの生活で体験した漆黒の闇はすでに幻想と化した。今の私が触れることのできる闇は、市（マチ）のネオンの瞬きの合い間に漂うこの寂しげな闇しかない。帰ってゆくシマのない私が、あえてシマを探さなければならないとすれば、その手がかりはこの市の、夜と朝のあわいに漂う憂いのある闇の中かもしれない。

（崎山『南島小景』）

☆

その「手がかり」の一つとして、崎山が着目したのは、コトバそのもののなかに再びシマの共同性を作ることです。たとえば、「ムイアニ由来記」の主人公は「標準語に汚染された世間に暮らしていて、頭の中も、のぺーとなって」、何度も「トゥルバッて（ぼぉーとして）」しまいますが、闇の中から聞こえる懐かしいシマコトバに引きつけられます。

シマコトバは、『ムイアニ由来記』に併録されている「オキナワンイナグングァヌ・パナス」においても多用されます。シマコトバは、国家の構成員のすべての者に対して同じ言葉を話すようにしむける国家言語とは対照的です。

それは、個々人のあいだにおける差異さえ強調し、自分だけの言葉を火のような揺れをともないながら螺旋上に反復し、闇の中から他者との接続的な共同性を浮かび上がらせるのです。

「オキナワンイナグングァヌ・パナス」という作品で加那という少女によって「標準語」にそのたびに訳されていたシマコトバは、一一七歳の主人公ジラーのユンタクを中心に進められる「ゆらてぃく　ゆりてぃく」（崎山多美「ゆらてぃく　ゆりてぃく」『群像』講談社、二〇〇〇年一一月号）においてはついに「水ぬ踊イんじ云せー、珍らさんやぁ、ジラぁ、それで、何ーなたが、其ぬ、ミジぬウドゥイんじ云せーや」のように、訳されることなくそのままおかれるようになります。

ボーダーランズにある沖縄だからこそこのように強調されるコトバではあっても、私たちもまた同様の問題意識を抱えながら日々の会話を行っていることは言うまでもありません。看護師と患者の会話であっても、もちろん同じです。私たちはそれぞれ独自のコトバのなかに住まうのです。

「ゆらてぃく　ゆりてぃく」では、島を「シマ」とするような透明性は「エジキ」「ムザン」「ヒトビト」「タマシイ」「オンナ」「シンジツ」など多くの語にも使用することによって透明性を増加させ「……ててててんてんててててんてん、ててててててぇーん、とん、とと、とととととん、てん、てん、ててててととと……とととととてんてん……とぉーん、とぅーん、てーん、てんととんとんててててととと……ててんてんてんてん……とぉーん、とぅーん……」のような「オノマトペ」の過剰な使用は、世界を感覚を通して言葉に置き換える前の状況を描写しようとする意図を感じさせます。

私たちは誰かの言葉を模倣しなければ生きていけない存在ですが、同時に、誰かとまったく同じ言葉を使用して生きているわけではありません。

また、同作品においては、視覚以外の「とうの昔に消え去った、香しきオンナの匂いだった。〔……〕たぷたぷとした膨らみをいきなり押しつける」のような、嗅覚や触覚の描写も格段に増加しています。

時代設定が不可能な民族誌のような趣をもつこの作品は、島特有の「地熱」によって住みついた、理解不能な言葉を話すナガリムン（流れ者）の物語として、シェイクスピアの『テンペスト』と同種の想像力を喚起する物語となっています。

これまで見てきたような「言葉」というフェイズとはまた異なる視点からもこの作品を論じることができるかもしれません。

最後に「ゆらてぃく　ゆりてぃく」での、闇の象徴としての御嶽の描写を見てみましょう。

黒ずんだ石灰岩が三個、竈の造りに組まれ、座っている。竈の口が世界の穴のようにぽかと開いていた。いくらあたりを見廻しても、それ以外は何もない、苔むした、ただの空間。ニライヤマの、その奥にある男子禁制の御庭だった。

「石灰岩」という「物質」で組まれた竈には、他の時空間と通じている「世界の穴」が開いていますが、それ以外は何もありません。

沖縄の古典である『おもろさうし』によれば、闇のなかの「御嶽が村落の守護神であるごとく、火の神は家の守護神」（『日本思想体系　おもろさうし』外間守善他編、岩波書店、一九七二年）とあります。

何もない闇は世界とつながり、火は共同性をつくってゆきます。

そして、火に照らされた共同性は闇を通じて世界とつながり、「存在の孤独と非連続性とを、一つの深い連続性の意識に代え〔……〕闇からの脱出」（G・バタイユ『エロティシズム』澁澤龍彥訳、二見書房、一九七三年）を果たすでしょう。

崎山多美の作品を通して私たちは、普段は感じることのない空気を、風が吹くことによって知ることができるように、陽光に照らされた近代国家の共同体に潜む「闇」が、シマの共同性によって可視化されるのを知ることができます。

そこに流れるもう一つの時間、永遠に回帰する生きた時間を私たちに教えてくれるのです。

III

「超看護」の広がり

第8章

「里山看護」について

「里山看護学」という学問分野があります。信州駒ヶ根にある「長野県看護大学」の大学院を中心に一〇年以上前から取り組まれてきました。

この学問の性格上、確固とした定義や体系を志向するものではありませんが、この分野を牽引してきた北山秋雄現学長らの発言などから勘案するに、私が「超看護」と考えていることとオーバーラップしますので、ここで概要を紹介しようと思います。

基本的には「里山」をフィールドとしながら、看護の専門家だけではなく、それ以外の分野を専門としている人たちの叡智を看護にどのように生かしていけるか、ということに「里山看護学」は重きをおいています。

したがって、私がこれから行おうとしている説明は、私が得意としている分野からの切り口に過ぎないことをまずお断りしておきます。

たとえば「ソーシャル・キャピタル（social capital）」という見地から「里山看護」を語ることもできますし（北山学長は「サトヤマ・キャピタル（satoyama capital）」という発想を提唱しています）、あるいは、どのように野生動物と共存できるのか、昆虫食は未来食として有望なのか、（天竜）川が私たちの生活においてもっている意味とは、産直という流通形態をどのように捉えるか、三遠南信の風習は人びとの生活にどのように寄与しているか、などの多種多様なアプローチからすこしずつ研究されています。

それらはすべて「看護」との関わりを念頭において行われますが、一見すると、看護とどのように関連しているのか判然としないものもあるかもしれません。

しかし、逆に考えると、看護が目を配るべき対象の広さを表しているとも言えます。私たちが生活しているあらゆる場面において「看護」と関係ないものなどはない、と「里山看護」も「超看護」も考えています。

また、生活の場面だけではなく、学問分野においてもそうです。看護と関わりをもたない学問分野などあるのでしょうか。私はここまでおもに文学や哲学、文化人類学や民俗学などの文献を引用してきましたが、音楽や絵画、彫刻や映像などの知見とからめながら「超看護」を語ることもできます。

いずれにしても「超看護」および「里山看護」は、すべての人がそうなる可能性がある「患者」に寄与すると思われる要素すべてに関心を向け、「よりよい看護」という言葉のもつ看護師からの視線や立場というニュアンスに若干修正をかけながら、真の意味での「患者中心の看護」、患者の五感を対象とした看護を「理想」としています。

その目的を遂行するために、里山看護を日々実践しているここ信州伊那谷の地を越え、信州を越え、地域や国、時代を横断しながら、多様な論点と成果を導き出すことができると確信しています。

雑駁な内容になる前にここで「共有すべき認識」をあらためて確認しておきます。

まず「里山」とは、完全なる「自然」でもなく、まったくの「都会」でもない、人びとが自然と共存している場所を指します。

前の章でも取りあげましたように「自然」や「都会」という言葉自体も議論の俎上にあげられるべき用語ではあります。そのような議論も里山看護では積極的に受け入れていきます。議論の過程を通して、これらの言葉は帰納的に定義されることになるでしょう。

「里山」には「自然」が時間をかけて育んできた「知恵」が多く含まれており、それを看護に生かしていこうとするのですが、知恵のなかには反近代的なものも含まれており、さらに言うならば「言葉」には変換できないものも多く含まれています。それらを何とかして表現しようとする志向性も里山看護にはあります。

つまり「里山看護」は、里山で培われた「知恵」を、従来の「地域看護」の知見と照らし合わせながら、さらに新たな視点を含ませ、そこから生まれる知的財産を「都市」をも含めた各地域へと還元していくことを最終的な目標にしています。

「近代」を現象面から見るならば、先祖代々の伝統的な土地に住んでいた人びとが、慣れ親しんだ土地を離れて都市へと向かう時代と捉えることもできるでしょう。

とするならば、かつて携えていた知恵が失われる過程が近代化であったとも言えるかも知れません。

このような、前近代と近代の視点を併せもつ里山看護のある側面を図式化するならば、図5のようになります。

上方にある円が近代的な性格をもつ要素であり、下方が前近代的な要素です。

☆

各地の豊かな土地に長く住んできた人びとが、資本主義の影響もあってそこを離れ都会へと流れ込み「大衆」となりました。

スペインの思想家、ホセ・オルテガ・イ・ガセットが指摘したような、規律化され、個性をもたない「大衆」によって成立している社会、それが「大衆社会」です。

図5◆「脱近代」をめざす里山看護

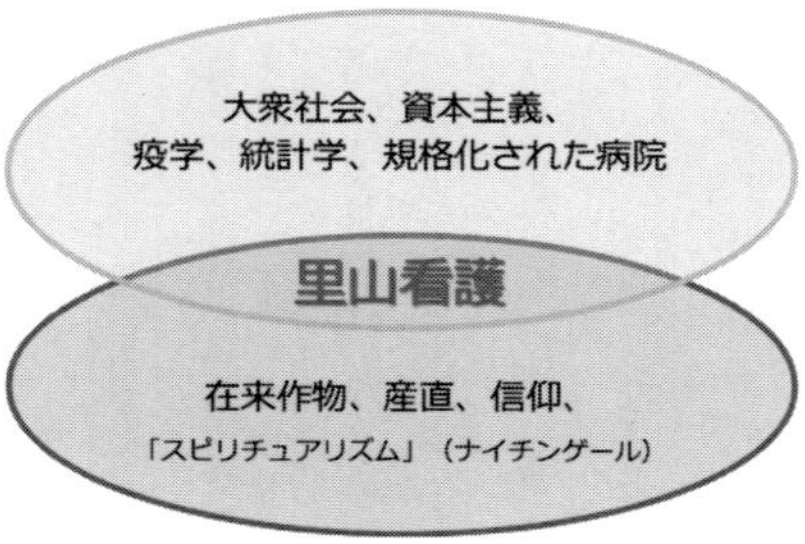

では、看護師は「大衆」に含まれるのでしょうか。本書の冒頭で述べた「看護の分業化」が行き過ぎるならば、そういうことになるでしょう。オルテガは次のように書いているからです。

科学を小さな断片に分割し、その一片の中に閉じこもって他をいっさいかえりみないというやり方をとれば、無数の研究分野が生まれてくる。方法の正確さと確実さが、こうした知識の一時的・実際的な分割を可能にする。研究者はそれらの方法の一つを機械のようにあやつって仕事をすればよいのであり、それらの方法の意味や根拠を厳密に知らなくても、きわめて豊富な結果を得ることができるのである。

（オルテガ・イ・ガセット『大衆の反逆』神吉敬三訳、筑摩書房、一九九五年）

バランスを欠いた専門家は、科学者であっても教養人ではなく、やはり「大衆」なのです。看護師もまた教養人でなければならないと考えます。

そのためにも、前近代から近代への過渡期で失われてしまったものをもう一度探索し、近代において効果のあるものを生かしながら「二項対立」を脱し、新たな枠組みを模索することが「里山看護」および「超看護」の目標です。

近代と前近代の「いいとこ取り」といえば言葉では簡単ですが、そこには「葛藤」が生まれることは間違いありません。

つまり、もはや私たちはその二つを両立させて生きることは現実的には不可能な生活を送っているからです。

ナイチンゲールがこれからの看護のために強調した「スピリチュアリズム」を私たちは果たして本当に理解できるのか、疑問が残ります。

たとえば、前近代的な視点から提起されるであろう、次の五つのテーマについてどのような感想をもたれるでしょうか。

・「死」はもともと恐ろしいものではなかった。
・「障害」はただ忌避すべきものではなかった。

・「長生き」自体は目標ではなかった。
・「数値」よりも感覚に重きをおいていた。
・「信念（思い込み）」は人びとを幸せにした。

「死」については、ここまで何度か書いてきました。その他のテーマも一つ一つが再考されるべきものであり、すでにあちこちで言及してきました。

ここではそれぞれを詳しく述べることはしませんが、たとえば、歴史的に障害者を社会から排除した経緯を振り返ることなしに、障害者にとって「優しい社会」を論じることはできるのでしょうか。

自らの命よりも大事なものを守ろうとして自死した人びとを指して、時代遅れのアナクロニズムと考え続けるのでしょうか。

近代的な視点からはどう考えても治癒するとは思えない方法で病に向かう「未開」の人びとを、ただ非科学的だとして嘲笑できるのでしょうか。

基本的心構えをもう一度確認するならば、先祖代々暮らしている人たちは歴史のなかで培われた一つの完結したコミュニティを形成しており、近代的な要素が欠けているからといって、不完全な共同体というわけではない、ということです。

また、外部から来た者たちは、抽象的な言葉によってそれらを網の目で覆い、いかにもわかったような気にならないことも重要です。

「わかったとはどういうことなのか」ということに関しても「超看護」は焦点を当てます。そもそも人びとの生活は、抽象的な言葉で説明できるようなものではないからです。

以上、概観したに過ぎませんが、信州の伊那谷から「里山看護」はすでに始動しています。関心のある方はぜひ長野県看護大学までお越しください。

第9章

「信州伊那谷」から考える

信州にまつわる有名人というと、島崎藤村（小説家）、宮沢俊義、芦部信義（ともに、憲法学者）、岩波茂雄、古田晁、小尾俊人（ともに、出版社創設者。順に「岩波書店」「筑摩書房」「みすず書房」）、それと、ここ伊那谷を終の棲家とした井上井月（俳人）や加島祥造（翻訳家、タオイスト）らがすぐに思い浮かびます。

こうして並べてみて不思議に思うのは「信州はなぜこのような偉大な憲法学者を生むことができたのか」、それと「どうしてこのような偉大な出版人を生むことができたのか」です。そのような事実は、信州の特徴を浮かび上がらせ、人びとの健康や生き方と関係があるのではないか、という発想を「超看護」では行います。

ここではまず、子供時代から壮年時代を東京で過ごし、人生の後半になって伊那谷に住まいを移した加島祥造から始めます。

加島さん（親しみを込めて「さん」をつけさせてもらいます）と同じように私もまた、壮年時代までを東京で暮らし、人生の後半になってここ伊那谷に移り住みました。とはいえ、彼が最後にたどり着いた老子の思想については、長らく理解に及びませんでした。

なんとなくわかってきたのは、四年前に精神的な不調を抱えて文字通り倒れ、一カ月半ほど身体がほとんど言うことを聞かなくなったときでした。それまでの生き方を反芻せざるを得なくなり、何かにすがるような思いでいたときに、一気に加島さんのおっしゃっていることが、霧が晴れるように腑に落ちるようになりました。

年齢を重ね、ときには病に罹ることは、受け止め方次第では「気づき」において重要な契機になるようです。

ベストセラーになった『求めない』（小学館、二〇〇七年）のなかの一節をあげますと「頭だけで求めると、求めすぎる。体が求めることを頭は押しのけて別のものを求めるんだ。しまいに余計なものまで求めるんだ」とあります。

これについて、頭は「人工的な知識」、体は「心とつながっている自然」と理解して、なんとなくそういうことなのか、とずっと漠然とした状態でした。

しかし、いまの私ならじつによくわかりますし、ここまでの章でも何度も説明してきました。

当時、寝込んでいたときに、その方面の本を気分の良いときなどに手当たり次第に読んでいて、そのなかで出会った本のなかに、泉谷閑示という精神科医の方がいます。彼は次のように著書に書いています。


〈心〉はそもそも、頭とは比べものにならないほど高度な知性と洞察力を備えていて、本質を見抜き、瞬時に判断を下します。しかし、その判断があまりにも高度で、その理由もいちいち明かされないので、情報処理という不器用なプロセスを必要とする〈頭〉には、ほとんど解析不能です。近代以降の人間は〈心〉の出した結論を〈気まぐれで当てにならないもの〉と決めつけ、却下してしまう傾向があります。そして、これが人間のさまざまな不自然さや病を引き起こす原因の根本にあるのではないかと考えられます。

(『クスリに頼らなくても「うつ」は治る』ダイヤモンド社、二〇一〇年)

この言葉は加島さんへの理解の橋渡しをしてくれました。もちろん、このような了解の仕方もまた「頭」の領分であることも確かです。私たちは頭の束縛から完全に自由になることはできません。しかし、その人に合わせるようにして上手に書かれた文章は、身体に染み通るものです。

『求めない』が「詩」のように書かれていることにも注意する必要があるということです。論理ではなく「ナチュラル・エナジー」(加島)を体感できる「心(身体)」をどのように涵養し、そして思いを表現すればいいのか。加島さんが「墨彩画」を描かれるのも同じ理由でしょう。ロジックで「わかった」というのは浅い理解です。

試みに、加島さんの言葉を断片的にあげてみますと「体のなかの声」「小鳥の声は命の歌」「シンプルな日々」「見えない大きな働き」(『老子と生きる谷の暮らし』河出書房新社、二〇一四年)や、「虚のエナジーの働き」「権威や形式を蹴っ飛ばせ」「気取らずに自由に生きよう」「閑とはいま生きているという意識のこと」「頭でせかすのはやめてみよう」（『伊那谷の老子』朝日新聞社、二〇〇四年）などがあります。これらは、論理とは別のところから私の体に入ってきます。

精神を病んで「死にたくなる」とはどのような心の働きなのか、と私はずっと考えていました。もしかしたら、頭からのどうにも納得できない「命令」から身体が逃れたくなるメッセージなのではないか。暴走する頭脳は多くの場合、さまざまな意味で、日常生活を不幸にするような気がします。

キリスト教でもイスラム教でも、大きな宗教を信じている人びとはその宗教が作った「ストーリー（物語）」のなかで死んでいけるので、ある意味安心して生きて（そして、死んで）いくことができるようです。はたから見ると信じられないようなストーリーであっても、その人が納得していればオーケーです。

祝詞をあげ、供物を捧げ、ときには断食もする。科学的かどうかは関係ありません。私たちは科学を利用しますが、科学的に生きているわけではないからです。私たちはそれぞれ独自の「物語」を生きています。

それは「お上」が強制する教育とは別のものです。「教育」とは伝統的なコミュニティが育んだ文化とは異なる場所から、人びとを無抵抗で使い勝手のいい「凡人」へと変えていく強制力のことです。

私たち日本人は教育には従順でしたが、壮大な「物語」を受け入れることが案外下手なところがあります。慣れ親しんでいるはずの仏教の物語であっても、よくわかっている人はどのくらいいるのでしょうか。学問や知識としてなんとなく知ることはできても「信念」を生活にもち込もうとはしません。

砂漠から生まれた宗教は「物語」を拠り所とした反面、自然に囲まれた私たちは、そこまでは必要はなかったと言えるかもしれません。

日本人が元来死を怖れなかったのは、物語の力ではなく、難しい言葉で言うと「アニミズム的なもの」だと私は考えています。八百万神に囲まれているという実感、安心感です。

現代を生きる日本人がむやみに死に恐怖を感じるのは、この点に関係があると私は思います。「死ぬときに恐怖を感じないでいるにはどうすればいいのか」は、相変わらず私たちのもっとも重要なテーマであり続けています。

それに関連して、加島祥造さんの長男(裕吾さん)が『かまくら春秋』という雑誌に父親のことについて書かれていて、さすが身内なので思い切った分析が多く、そのなかで「父の文学的欠点は自分の中に物語を見つけられないことだ」とあっさり述べています。

加島さんにとっての人生との折り合いは「物語」にあるのではなく、アニミズムとも通底するタオイズム的発想にあったわけです。

「頭」で論理的に納得するのではなく、直感的なタオの世界にどっぷりと浸った加島さんなら、きっと死ぬことは怖くなかったのではないでしょうか。

しかし、その境地に達するのは簡単なことではなさそうです。

大いなるものに包まれているという感覚を、小さなもの、微かなものから感じ取る力、そういうものを伊那谷という場所で老子から学んだのでしょう。

加島さんは多くの著書を残されていますが、たびたび「夕菅」の花について書かれていて、散歩の際に、夕菅の黄色い花を見つけては自宅の庭に植えた、と書いています。また、歌もいくつか詠まれていて、そのうちの一つ。

夕すげの庵と名づけ住みくらす
夢より覚めて秋雨を聞く

（加島、前掲書）

物語とは異なる形式の俳句や短歌については「超看護」においてもしっかりと考えてみる必要がありそうです。俳句や短歌を通して私たちは何に接し、何を獲得し、そして、どのような心境に至るのか、についてです。

日本人が死を怖れ、死について「ああでもない、こうでもない」と「心」や「体」ではなく「頭」で考えるようになったのはおもに明治以降、そして、戦後のことです。戦前と戦後では大きな切断があって、私たちはすっかり違う人間を生きているようです。

それは、軍人の生き方を知るととくにそう感じます。信州に生まれた三人の軍人、栗林忠道、有賀幸作、永田鉄山も、悩むことなく死をまっとうしているところがあります。

「死をまっとうしている」という意味では新撰組であろうと西郷隆盛であろうと同じで、私たちはああいう生き方を「昔の人のこと」と流してしまいがちですが「すこしでも長く生きれば勝ち」という現代の価値観とは違う世界について、すこし立ち止まって思いを馳せることも必要でしょう。

人は長く生きることが目的なのではなく、自分を知り「何かを成す」ことが目的であり、長短ではない、とでも申しましょうか。

タオの自然につながる人は、
いまの自分に満足する、そして
それを本当の富とするんだ

（加島祥造『ひとり』淡交社、二〇一二年）

「老子のタオイズムに感動できたのは伊那谷があったからだ」と加島さんは何度も書かれています。かつて住んでいた東京や神奈川と比較することによって、伊那谷の良さをくっきりと感ずることができたのでしょう。

もともとは東京神田の生まれで、アメリカ留学、信州大学での教鞭などを経て、大徳原（駒ヶ根市）にはじめて小屋を建てたのが五〇歳。それから折を見てこの地に通われることになります。

☆

人は生きているあいだになんどか「この場所こそ、私が求めていた土地だ」とか「ここに来るとなぜか心身がすっきりする」と感じる経験をしたことがあるのではないでしょうか。加島さんが、駒ヶ根の地まで信州大学の教え子に連れられてやってきて「伊那谷こそ私が求めていた土地だ」と感じたように。
「訪れるべき魅力のある土地」について『老子と生きる谷の暮らし』に、次のような一節があります。

伊賀の陶芸家大平和正さんにつれられて名古屋のレストランを訪れたとき、その主人がこう語ったのを思い出します。〈屋久島と伊那谷は、日本国中で一番〝気〟のみなぎっているところですよ。だから私は年に一度は両方に行って何日か過ごす〉。

どうして伊那谷とともに屋久島が並べられているのかというと、この一節は、山尾三省という屋久島に移り住んだ詩人との精神的邂逅について述べられたあとのエピソードだからです。

彼らは同じ東京神田の生まれで、どちらも早稲田大学の出身でした。目指している方向は良く似ているのですが、結局、顔を合わすことはなく、山尾の死の間際になって、運命のように心が通い合う瞬間を共有しました。

いま私の手元には、山尾三省の『森羅万象の中へ』（新泉社、二〇一二年）がありま す。亡くなった直後に出された本です。

そこには「加島祥造さんという〔……〕奇妙な先達の存在を知ったのはつい最近のことである」からはじまって四ページに渡って、思いがけない、というよりも、僥倖とも呼ぶべき出会いについて語られています。

とりわけ、加島さんが訳されたローリー・リーの「春のはじまり」には心を打たれたようで、二度も引用しています。この詩は『心よ、ここに来ないか』（日貿出版社、一九九八年）に収められていて、以下のような詩です。

もしこの世に
神の至福
というものが
あるとすれば
いま
私の
見ているものが
それだ

山尾は書きます。「ほかでもなく、この一片の詩片が意味していることこそが、じつはこの本の全体を通してぼくが読者にお伝えしたかったことそのもの」と。「自分」と「土地」というそれぞれにかけがえのない「気」をはらむ存在の関係性のうちに出現する「至福」。そういうものをもたらしてくれる土地を、私たちはもう感じ取ることが難しくなっています。

膨大な情報の波のなかで知らず知らずのうちに善悪や好悪が醸成され、それに動かされているのに、自ら選び取っていると勘違いしたまま至福もなく満足しているのかもしれません。

「死を恐れるか否か」に関して「いまの私たちはどういう存在なのか。どのように死を迎えるべきなのか」を考えると、一八六八年は大きな転換点となっています。

それから日本は独自の近代化への道を足早に駆け抜け、一九四五年の終戦で死生観はさらに異なる方向へと変わってしまったような気がします。

玉音放送が流れるまで五カ月を切った一九四五年三月、松代に生まれ硫黄島での戦いを指揮するよう命じられた陸軍大将、栗林忠道はどのような思いで死んでいったのか。

アメリカによる本土への空爆を一日でも先延ばしにしようとして戦った、本土に帰る確率はほぼ皆無の「死しか考えられない戦場」で、しかも、東京大空襲はすでに三月一〇日に行われている状況で、彼はどのような思いでいたのか。子煩悩だった父親としての家族への思いは。

それからさらにさかのぼって、幕末から明治の御一新にかけて活躍された人たちの「死」は、私たちのいま考えているものとはかなり異なっています。

ただ長らえることなどは恥とし、死に場所をつねに探していた幕末の志士たちや新撰組の面々、西南戦争で自刃するように戦死した西郷隆盛に、私たちがいまでも惹かれてしまうのはなぜでしょうか。

戦後、平均寿命を延ばすことを価値とするようになってから、私たちの死と生はじつに卑小なものに成り下がってしまいました。「命は地球よりも重い」のではなく、命よりも大事なものを信じることができた時代は、日本の歴史のほぼすべてを覆っていたはずです。そこに私たちは密かに誇りをもってきたのではないでしょうか。

信濃国はというと「廃藩置県」により、筑摩県、伊那県、高遠県、松代県、小諸県、岩村田県などの名前が生まれては消えていきました。

長野県が生んだ日本を代表する出版社として「筑摩書房」と「岩波書店」(諏訪市生まれの岩波茂雄が創業)があり、前者の筑摩書房を創業した古田晁の生まれ故郷は「東筑摩郡筑摩地村」で、その地名から社名はつけられています。しかし、いまではその地名はなく塩尻市となってしまっています。

地名は過去との通路であり、地名によって人とのつながりを保つこともできるわけですから、明治維新を契機とした地名の改悪、歴史的建造物の破壊はいまさらながら反省すべき点があったと言わざるを得ません。一つ一つの地名や建物には、言葉にはならない「歴史」が込められています。それが私たちの生を充実させる機縁となっています。

そのなかでも、市川量造(筑摩郡の生まれ)の尽力もあって、松本城は取り壊されずに残りました。一方で、中山道の要所、福島関所(筑摩郡)は明治維新のあと、あっという間に破壊されています。

☆

木曽の中山道にある馬込宿に生まれた島崎藤村の代表作『夜明け前』は、藤村の父をモデルとした主人公・青山半蔵が、明治の御一新（明治維新）による王政復古を夢見ていたにもかかわらず、裏切られ挫折し、座敷牢で狂死する話で、実話に基づいています。藤村が幼少時代を過ごした馬籠宿は、いまは立派な藤村記念館に生まれ変わっています。

平田国学を信奉していた半蔵（藤村の父）は、学問好きな純粋無垢な男です。いわば信州人を代表するような真面目で一途なところがあります。

しかし、どれほど真面目で優秀でも、生まれ落ちた時代や国家との折り合いがつかない場合、人は精神を病んで病院に入れられたり、時代にそぐわないという理由で牢獄に入れられたりすることがあります。半蔵もそうです。

このように時代や国から裏切られてしまった半蔵が心酔していた平田篤胤という国学者は、現代ではあまり評判がよろしくありません。一つは和辻哲郎が篤胤のことを「狂信的国粋主義」の「変質者」と述べたことも影響しているでしょう。

私たち日本人は古来、海外からの情報や文物を輸入しながら自らの文化や精神を発展させてきた慣習があるため、目の前に並べられたものからの取捨選択に長けている一方、考察のない事実と知識の詰め込みばかりになり、それがため込まれると感情が一気に暴発し、ついには人や出来事を断罪してしまう傾向があります。

世の中や人物は機微に溢れています。小林秀雄は「明治維新の歴史は、普通の人間ならば涙なくして読むことはけっしてできないていのものだ〔……〕歴史は人間の興味ある性格や尊敬すべき生活の事実談に満ち満ちている」と書いています。主義や主張などそのあとからついてくるものに過ぎません。

「このように生きよう（死のう）」と決心することは誰にでもできます。しかし、その決心はもう次の瞬間には揺らいでいる可能性があります。いま考えていることと、死の間際に考えることは、おそらくまったく違うでしょう。
「DNAR（蘇生処置はしないでください）でお願いしたい」といまの私は考えていますが、いざ「死に神」を目の前にした私は、かなりの確率で翻意するに決まっています。

「意識的に（＝かっこつけて）」話したり動いたりすることは、刹那的なものです。自分を装うヴェールであり、誰かになるための仮面です。無意識のレベルにまで落とし込んだ言葉や行動だけがその人自身です。そしてそれは、日々のおしゃべりや書き物、表情や仕草などからしか伝わってきません。

もうすこし違う角度からこのことについて考えてみますと、私たちはある程度は「自由に生きている」と思って生きています。しかし、それは本当でしょうか。ゲーテは「自分が自由だと思っている奴隷ほど悲惨なものはない」と述べています。外国で見聞を広め、過去の人びとの生き様に触れることの最大の意義は、自分たち自身を相対化できることです。客観的に自分を見ることができるようになります。いつの頃からか日本は「ゆでガエル」（徐々に進む変化には気づかずに、気づいたときには取り返しのつかないことになっていることのたとえ）の理論が当てはまっているような気がしてなりません。沸騰間近のお湯のなかで（異常な状況のなかで）語られる「死生観」は、それだけの死生観でしかないでしょう。

個々人の死生観の大枠は「時代」と「土地」が決めています。その決められた大枠のなかで「ああでもない、こうでもない」と語ることに、私は意義を見つけられないでいるのです。

それに関して、先日、私は水戸まで車を走らせました。『夜明け前』のなかでも、藤村が心を込めて書いている「水戸天狗党」についてすこしでも体感したかったからです。

筑波山で旗揚げした水戸の浪士たちは、尊皇攘夷の思想を胸に、ここ伊那谷を通って最後には福井県の新保までたどり着き、ニシン蔵に閉じ込められ、切腹も許されないまま三五二人が斬首されました。

私は、福井から移築された暗い蔵のなかに入り、その後、ずらっと並んだ古びた墓石の前で、しばし佇み、いろいろと思いを巡らせました。私たちの死生観を彼らに当てはめることはできません。その逆もそうです。

したがって、どちらが幸せであるかは簡単には決められません。自由に行った決意などというものはないからです。何かに動かされ、思わされている面が強く、だからこそ、そこを意識しながら考える必要があるでしょう。

死の間際に彼らの胸にはどのような思いが去来したのでしょうか。

☆

『遠野物語』の冒頭で柳田は「願わくはこれを語りて平地人を戦慄せしめよ」と書いています。その意味は、近代化した都会人は世の中が「わかっている」ような顔をしているが、人びとが築き上げてきた精妙で無辺際な世界はそんな薄っぺらなものではない、遠野で起きている「事実」を語ることによって近代人を驚かしてやれ、ということでしょう。

近代科学で証明できないからといって「河童」や「天狗」は存在していないと言えるでしょうか。

それらを見ることができないのは、私たち自身の「わかり方」が貧弱なせいです。このことは、あらゆる分野において応用することができます。近代とは無縁に培われてきたその土地土地の知恵に、私たちはもっと目を向ける必要があると思います。

柳田はもともと「松岡」国男として兵庫県に生まれ、旧飯田藩士の柳田家の養子になり「柳田」国男となりました。そのため、成城にあった自宅を移築した「柳田国男館」は、なんと飯田にあります。

また、彼の弟子だった折口信夫や早川孝太郎は、三遠南信を探索して「民俗学の宝庫」にしてくれました。民俗学のふるさと、そして「感覚のふるさと」は、すぐそこにあります。義務教育で重宝されるような死んだ知識ではなく、いまこそ、土地とつながる生きた知恵を求めて「超看護」に活かしていきましょう。

加島さんは「〔駒ヶ根に〕小屋を建ててから二年目のころ〔……〕私は頭の支配から体を解放するようになった」と述べています。

また別のところでは「私は都会にいると、人工エナジーに気をとられてしまう。その心の習慣のせいか、谷の小屋にきてもすぐには大気に遍満するエナジーを感じとれない。山や林や草花を通じて少しずつそれにふれていった〔……〕愛のエナジーは遍満するエナジーの中核にありながら、なぜか現代の人間には認識できなくなっている」とも。

本当はどこにも存在しない「欲望」と「恐怖」を社会から教え込まれ、それがなければ前に進まない「資本主義」による過剰な「刺激」に反応することを、私たちは「生きがい」と履き違えてしまっています。

他人の思惑を気にしすぎる必要はないでしょう。加島さんは五五歳までは全然ダメ、六〇歳を過ぎてやっと（ご本人自身は七二歳以降だったとおっしゃっています）「社会の刺激に応じなくなれる」と書いています。

そののち「誰もが自分の愛するものを愛し、したいことをすればいい。そのときの気持ちよさ、そのすばらしさを、ぜひ、あなた方自身で見つけてほしいと思います」と述べています。

他者の欲望を自らの欲望と勘違いしていた日々から解放され、年をとってはじめて「内なる欲望」と向き合うことができるのでしょうか。

本書の冒頭で、人生とは記憶であると述べましたが、記憶は頭ではなく身体に宿っています。「記憶を保存しているのは身体で、記憶は感覚です」と加島さんも書いています。

「身体」が感じる、自分のうちの空気、匂い、窓からの眺め、家族たちの日常の声、天井のシミ、使い慣れた枕や布団、茶碗や湯飲み……それらの言語化できないけれども、けっして取り替えのきかないものに囲まれて亡くなることの「意味」を、医師も看護師もいまだ十全には扱おうとしていません。そのような、自分にしかわからない大切なものを愛でるべきだと思いながら、私はずっと書いてきました。

里山看護や「超看護」は近代科学を否定するものではありません。また、前近代に回帰しようとしているわけでもありません。

いつか失ってしまった有用な感覚をふたたび手に戻そうとするものです。そのため、過去を振り返ることが多くなりましたが、テクノロジーは間違いなく私たちを豊かにしてくれるわけですから、本書の次に書かれるべき本は「超看護」をテクノロジーや最先端の思想とからめながら論じられることになるはずです。

「超看護」がカバーする範囲は、広大であるとともに、曲がりくねったとても細い道でもあります。その道が通っているわかりにくい場所を示し、私たちがたどるための道標をいくつか立ててみました。

あとがき

私が長いあいだ関わりをもち続けてきた「チカーノ（メキシコ系アメリカ人）」は、彼らの歩んできた歴史の特殊性から、自らの内に国家や人種や民族や宗教や文化などを分ける「複数の境界線」を抱えています。

それらは複雑にからみ合い錯綜し、空間や時間をグラデーションにし、ときに反転させ、選択を促し、かつて捨てられたものをそのままにせず、直線的で透明な近代的属性とはかけ離れています。

そのため「時代や地域」を扱う際に「単純な二項対立では思考しない」ことは、

彼らの主要なメンタリティとなっており、そのような事実は、いまの私に大きな影響を与えています。

「看護」を学ばせてもらう際にも、複数の要素を同時に射程に入れながら思考する態度は、私を前進させる駆動力となりました。

つまり、私たちの周りには知らず知らずのうちに境界線が引かれており、見渡せば高い壁に囲まれ、お互いの世界を遮断しています。

それぞれの人工的な世界に安住しながら仕組まれた体系のなかで競い合うことに、私はあるときから意味を感じられなくなっています。

誰かの「思惑」によってあるとき恣意的に建設された不自由な柵を、勇気をもって外してみれば、そこには慣れ親しんできた秩序とは無縁の荒野が広がっていますが、よく見れば、その土地にはその土地なりの秩序が存在していることに気づきます。

柵を外し、高い壁を越え、手探りですこしずつ看護関係の書物にあたり、看護関係の人たちと私は言葉を交わしていきました。

徐々に理解が進んでくるとまた壁は現れ、疑問が次第に沸き上がり、看護学生では尋ねるのも憚られるような基本的な疑問を、看護師の方たちに投げかけました。

疑問をぶつけられた方たちは「この人はなぜこんな当たり前のことを質問するのだろう」と感じていたと思います。

「看護」に関しては初めて知ることばかりでしたが、それだからこそ、その分野のしきたりや常識などにとらわれずに「それはおかしいんじゃないのか?」と疑問をもてたのは幸せでした。また嫌な顔もせずに回答してくれる人がいたことはさらに幸せでした。

看護に限らず、その世界にどっぷりと浸かっていては見えないものがあるのではないでしょうか。

アカデミズムの世界で傍流の傍流に位置している「チカーノ」を学んでいた頃も、私はアメリカ研究者をはるか遠くから眺めていたような気がしていました。

いまの私は「疑問をもち矛盾を感じ、質問を投げかけ、それを踏まえて、さらに思索を重ね、疑問を感じる」ことの繰り返し以外に「研究」の方法はあるとは思えないでいます。

この本は広々とした荒野をゆっくりと進み、ときに立ち止まりながら考え続けた、紆余曲折の果てにひとまずたどり着いた経過報告に過ぎません。

したがって、言うまでもありませんが、何か厳かな結論を提示しようというものではありません。とはいえ、私がたどった曲がりくねった道にもいくつかの「考えるヒント」が隠されているのではないか、とささやかながら自負しているところです。

思索の現場としてきわめて魅力的な「看護」、そして、活力があり行動的で、頭と身体の回転が速い「看護師たち」に最大限の敬意を表しつつ、私に巻き込まれた人たちにすこしでも恩返しができればと願っています。

井村俊義

令和元年九月

井村俊義

IMURA Toshiyoshi

一九六四年、長野県諏訪市生まれ。
長野県看護大学准教授。

主な著書に、
『チカーノとは何か——境界線の詩学』(水声社、二〇一九年)、
『エスニシティと物語り——複眼的文学論』(共著、金星堂、二〇一九年)、
主な訳書に、
マイケル・タウシグ『模倣と他者性——感覚における特有の歴史』(水声社、二〇一八年)など。

超看護のすすめ――ナイチンゲールの復権とケアの哲学

2019年12月3日　第1刷発行

著者
井村俊義

発行者
後藤亨真

発行所
コトニ社
〒274-0824
千葉県船橋市前原東5-45-1-518
TEL:090-7518-8826
FAX:043-330-4933
https://www.kotonisha.com

印刷・製本
ディグ

ブックデザイン
宗利淳一

DTP
江尻智行

ISBN978-4-910108-00-1